Im Brennpunkt der Wirtschaftspolitik

AF842303

Christian Keuschnigg
(Hrsg.)

Im Brennpunkt der Wirtschaftspolitik

Innovation, Globalisierung und Klimawandel

Springer Gabler

Hrsg.
Christian Keuschnigg
Universität St. Gallen, FGN-HSG
St. Gallen, Schweiz

ISBN 978-3-658-44414-3 ISBN 978-3-658-44415-0 (eBook)
https://doi.org/10.1007/978-3-658-44415-0

Die Deutsche Nationalbibliothek verzeichnet diese Publikation in der Deutschen Nationalbibliografie; detaillierte bibliografische Daten sind im Internet über https://portal.dnb.de abrufbar.

© Der/die Herausgeber bzw. der/die Autor(en) 2024. Dieses Buch ist eine Open-Access-Publikation.

Open Access Dieses Buch wird unter der Creative Commons Namensnennung 4.0 International Lizenz (http://creativecommons.org/licenses/by/4.0/deed.de) veröffentlicht, welche die Nutzung, Vervielfältigung, Bearbeitung, Verbreitung und Wiedergabe in jeglichem Medium und Format erlaubt, sofern Sie den/die ursprünglichen Autor(en) und die Quelle ordnungsgemäß nennen, einen Link zur Creative Commons Lizenz beifügen und angeben, ob Änderungen vorgenommen wurden.
Die in diesem Buch enthaltenen Bilder und sonstiges Drittmaterial unterliegen ebenfalls der genannten Creative Commons Lizenz, sofern sich aus der Abbildungslegende nichts anderes ergibt. Sofern das betreffende Material nicht unter der genannten Creative Commons Lizenz steht und die betreffende Handlung nicht nach gesetzlichen Vorschriften erlaubt ist, ist für die oben aufgeführten Weiterverwendungen des Materials die Einwilligung des jeweiligen Rechteinhabers einzuholen.
Die Wiedergabe von allgemein beschreibenden Bezeichnungen, Marken, Unternehmensnamen etc. in diesem Werk bedeutet nicht, dass diese frei durch jedermann benutzt werden dürfen. Die Berechtigung zur Benutzung unterliegt, auch ohne gesonderten Hinweis hierzu, den Regeln des Markenrechts. Die Rechte des jeweiligen Zeicheninhabers sind zu beachten.
Der Verlag, die Autoren und die Herausgeber gehen davon aus, dass die Angaben und Informationen in diesem Werk zum Zeitpunkt der Veröffentlichung vollständig und korrekt sind. Weder der Verlag noch die Autoren oder die Herausgeber übernehmen, ausdrücklich oder implizit, Gewähr für den Inhalt des Werkes, etwaige Fehler oder Äußerungen. Der Verlag bleibt im Hinblick auf geografische Zuordnungen und Gebietsbezeichnungen in veröffentlichten Karten und Institutionsadressen neutral.

Planung/Lektorat: Karina Kowatsch
Springer Gabler ist ein Imprint der eingetragenen Gesellschaft Springer Fachmedien Wiesbaden GmbH und ist ein Teil von Springer Nature.
Die Anschrift der Gesellschaft ist: Abraham-Lincoln-Str. 46, 65189 Wiesbaden, Germany

Das Papier dieses Produkts ist recycelbar.

Geleitwort

«Wenn man etwas nicht einfach erklären kann, hat man es nicht verstanden». Dieses akademische Bonmot haben sich die Autor*innen des vorliegenden Buches zu Herzen genommen und sich daran gemacht, die neuesten Erkenntnisse der Wirtschaftswissenschaften einem breiten Publikum auf verständliche Weise zu vermitteln – mit dem schönen Nebeneffekt, dabei selbst die Materie tiefer durchdringen zu können. Unsere Studierenden der Volkswirtschaftslehre eignen sich empirische und theoretische Forschungsmethoden an und erarbeiten sich den aktuellen Kenntnisstand über wirtschaftliche Zusammenhänge. Im Rahmen des Projekts «Next Generation» lernen sie darüber hinaus, wie sie dieses Wissen in ansprechender und prägnanter Form zugänglich machen.

Die angehenden Wirtschaftswissenschafter*innen erstellen eine Übersicht über die wichtigsten Ergebnisse ökonomischer Forschung und fassen die zentralen Aussagen aktueller Studien zusammen, ganz im Stile eines «Reader's Digest». Sie trainieren dabei ihre Fähigkeit, Forschungsresultate in ihrer Komplexität konzise darzustellen und einzuordnen. Damit leisten die Studierenden selbst einen wichtigen Beitrag zu einer Kernaufgabe der Universität, nämlich dem Wissenstransfer von der Grundlagenforschung in die Praxis. Konkret verbessern sie die Informationsbasis für Wirtschaftspolitik und tragen somit zu einer ausgewogenen, sachlichen Entscheidfindung bei.

Die Herausgeber wählen geeignete Forschungsarbeiten von hoher Aktualität und Relevanz aus. Ein kurzer Abstract ordnet das Thema in den wirtschafts- und gesellschaftspolitischen Kontext ein und erklärt die Relevanz der Arbeit. Die Texte sind sorgfältig editiert und richten sich an Leser*innen ohne ökonomisches Hintergrundwissen.

Das Projekt «Next Generation» ist eine gezielte Begabten- und Nachwuchsförderung. Talentierte St.Galler VWL-Studierende erhalten einen Einblick in den

Bereich der Wissenschaftskommunikation und erlangen mit ihrer Arbeit ein hohes Mass an Sichtbarkeit. Durch die Verbreitung ihrer Texte in Newslettern, sozialen Medien und externen Wissensplattformen kommen sie mit einer interessierten Öffentlichkeit in Kontakt. Mit ihren Beiträgen können sich die künftigen Ökonom*innen den Entscheidungsträger*innen in Politik und Wirtschaft vorstellen.

Ich danke den Initianten des Projekts, den Herausgebern und engagierten Studierenden für ihre Arbeit und wünsche Ihnen eine anregende Lektüre!

Prof. Dr. Manuel Ammann
Rektor der Universität St. Gallen

Vorwort

Die Volkswirtschaftslehre hält eine fast unüberschaubar grosse Fülle empirischer Forschungsergebnisse bereit, die es für Politik, Wirtschaft und Gesellschaft zu nutzen gilt. Die aktuelle Forschung erweitert laufend das Wissen über wirtschaftliche Zusammenhänge und über Auswirkungen von Politikmassnahmen und legt damit die Grundlage für eine sachliche, evidenzbasierte Politik.

Mit Publikationen in führenden Fachjournalen treiben die Wissenschaftler ihre akademische Karriere voran und dokumentieren die Erkenntnisse ihrer Forschung zur weiteren Nutzung durch andere. Die universitäre Lehre vermittelt den Bestand des gesicherten Wissens der jungen Generation der Studierenden, um sie für ihre künftigen Aufgaben zu rüsten. Wie können jedoch Politik und Öffentlichkeit von den neuen Erkenntnissen und der Weiterentwicklung der Volkswirtschaftslehre profitieren?

Die Entscheidungsträger in Politik und Wirtschaft haben in der Regel weder Zugang zu den spezialisierten Fachzeitschriften noch haben sie das technische Wissen, um die Ergebnisse direkt würdigen zu können. Auch die Medien und die Öffentlichkeit brauchen für die demokratische Willensbildung ein unabhängiges Bild von wirtschaftlichen Entwicklungen und Zusammenhängen. Das verlangt nach einer Übersetzung der neuen Forschungsergebnisse in nicht technische und populär verständliche Formate, damit die Wissenschaft mehr praktischen Nutzen für Politik und Öffentlichkeit stiften kann.

Mit den Forschungsnachrichten des Projekts Next Generation informieren die besten St. Galler Studierenden der Volkswirtschaftslehre über neue Erkenntnisse ökonomischer Spitzenforschung. Die Beiträge richten sich an Entscheidungsträger in Politik und Wirtschaft, Medien und die interessierte Öffentlichkeit. Sie stiften auch einen separaten Nutzen in der Lehre. Sie ergänzen die Inhalte der spezialisierten Lehrveranstaltungen und Textbücher mit ganz neuen

Forschungsergebnissen und ermöglichen den Studierenden, wichtige Querbezüge zwischen den Spezialdisziplinen der Volkswirtschaftslehre zu erkennen.

Die Texte können die Studierenden anregen, den untersuchten Fragestellungen im Rahmen von Master- und PhD-Arbeiten vertieft auf den Grund zu gehen. Sie sollen jüngere Studierende für ein vertieftes Studium der Volkswirtschaftslehre begeistern. Am wichtigsten scheint uns, dass die studentischen Autoren mit allgemeinverständlichen Zusammenfassungen die Öffentlichkeit und die Steuerzahler an ihrem Studium teilhaben lassen und einen eigenständigen Beitrag zum Wissenstransfer in die wirtschaftspolitische Praxis leisten.

Prof. Dr. Christian Keuschnigg
Professor für Nationalökonomie, Herausgeber

Inhaltsverzeichnis

Herausgeber- und Autorenverzeichnis

Über den Herausgeber

Christian Keuschnigg Universität St. Gallen, FGN-HSG, St. Gallen, Schweiz
Christian.Keuschnigg@unisg.ch

Autorenverzeichnis

Michael Altorfer Universität St. Gallen / Stockholm School of Economics, Studium: Master in Economics/CEMS Master in International Management
michael.altorfer@gmail.com

Manuel J. Ammann Universität St. Gallen, Studium: Master in Economics
manuel.ammann@student.unisg.ch

Nora Bearth Universität St. Gallen / Stockholm School of Economics, Studium: Master in Quantitative Economics and Finance/Master in Applied Economic Analysis
nora.bearth@student.unisg.ch

Lorenzo F. Currenti Universität St. Gallen, Studium: Master in Economics
lorenzo.currenti@outlook.com

Sara Fontanet Universität St. Gallen, Studium: Master in Economics
sara.fontanet@student.unisg.ch

David Gmür Universität St. Gallen, Studium: Master in Economics
david.gmuer@student.unisg.ch

Nicolas Greber Universität St. Gallen, Studium: Master in Economics
nicolasjoel.greber@student.unisg.ch

Margaret Green Universität St. Gallen, Studium: Master in Economics
margaret.green@student.unisg.ch

Björn Hartmann Universität St. Gallen, Studium: Master in Economics
bjoern.hartmann@student.unisg.ch

Charlotte Hermanns Universität St. Gallen, Studium: Master in Economics
charlotte.hermanns@student.unisg.ch

Timon Jaeggi Universität St. Gallen, Studium: Master in Economics
timon.jaeggi@student.unisg.ch

Patrick Kunzelmann Universität St. Gallen, Studium: Master in Economics
patrick.kunzelmann@student.unisg.ch

Matthias Lukosch Universität St. Gallen, Studium: Master in Economics
matthias.lukosch@student.unisg.ch

Isabella Maassen Universität St. Gallen, Studium: Master in Economics
isabella.maassen@student.unisg.ch

Tabea Mündlein Universität St. Gallen, Studium: Master in Economics
tabea.muendlein@student.unisg.ch

Fortunat Ramming Universität St. Gallen, Studium: Master in Economics
fortunat.ramming@student.unisg.ch

Sarah Schachler Universität St. Gallen, Studium: Master in Economics
sarah.schachler@student.unisg.ch

Lia Sonvilla Universität St. Gallen, Studium: Master in Economics
lia.sonvilla@student.unisg.ch

Cara Stromeyer Universität St. Gallen, Studium: Master in Quantitative Economics & Finance
cara.stromeyer@student.unisg.ch

Johannes von Möllendorff Universität St. Gallen, Studium: Master in Economics
johannesvonmoellendorff@gmail.com

Abbildungsverzeichnis

Mit Innovation den Klimawandel meistern

Innovation für die Energiewende

Altes nutzen oder Neues erfinden? Wie Firmen sich dem Emissionshandel anpassen

Wie Banken die Klimaziele unterstützen können

Wie erfolgreich investiert China im Ausland?

Die Politik des Handelskriegs

Wozu teure Ursprungsregeln im Handel?

Ist Handel ansteckend oder stabilisierend?

Wie die Arbeitslosenversicherung die Wirtschaft stabilisiert

Unterschätzte Wohlstandsunterschiede: Welche Rolle spielt die Arbeitszeit?

Was ist Flexibilität den Arbeitnehmern wert?

Wirkt die Frauenquote für Führungskräfte?

Die Heiratschancen gebildeter Frauen

Wie die Grossfamilie ihre Kinder fördert

Hilfe beim Wohnortwechsel: Zukunftschance für Familien?

Privatsphäre im Internet: Gewinner und Verlierer

Wie viel Reichtum verhindern Vermögenssteuern?

Wer verschuldet sich beim Kreditgeber letzter Instanz?

Mehr Sicherheit mit zentraler Bankenaufsicht

Ansteckungsgefahr bei den Staatsschulden!

Wie «Zombiekredite» die Inflation bremsen

Hohe Zahlungsmoral belebt die Wirtschaft

Einleitung

Im Brennpunkt der Wirtschaftspolitik: Innovation, Globalisierung und Klimawandel

Christian Keuschnigg

Globalisierung, Innovation und Klimawandel treiben den wirtschaftlichen Wandel voran.[1] Der Aufstieg Chinas pflügt die Weltwirtschaft um. Der Strukturwandel zwingt Familien und Unternehmen, sich ständig neu anzupassen. Rezessionen und Finanzkrisen gefährden den erreichten Wohlstand. Welche neuen Herausforderungen ergeben sich für die Wirtschaftspolitik? Wie kann die Politik die Voraussetzungen für nachhaltiges Wachstum in einer sich rasch ändernden Wirtschaft verbessern? Wer sind die Gewinner und Verlierer? Was kann die Politik tun, damit nicht nur wenige, sondern möglichst viele vom wirtschaftlichen Wandel profitieren?

Forschung für eine bessere Wirtschaftspolitik

Wissenschaft ist kein Selbstzweck. Der Erkenntnisgewinn soll Nutzen stiften. In Medizin und Pharmazie sind dies etwa neue Therapien und Medikamente. Mathematik und Physik legen die Grundlagen dafür, spektakuläre Bauten zu konzipieren und leistungsfähige Computer zu entwickeln.

[1] Ich danke Michael Kogler für die langjährige Zusammenarbeit im Projekt Next Generation und für wertvolle Anregungen. Dieser Beitrag ist eine überarbeitete und auf die neuen Beiträge angepasste Version unseres gemeinsamen Einleitungskapitels «Politik und Wirtschaft im Wandel» in Keuschnigg, C., & Kogler, M. (Hrsg.) (2021), *Die Wirtschaft im Wandel. Innovation, soziale Sicherheit, und Wohlfahrt*, Springer Gabler.

C. Keuschnigg (✉)
Universität St. Gallen, St. Gallen, Schweiz
E-Mail: Christian.Keuschnigg@unisg.ch

© Der/die Autor(en) 2024

C. Keuschnigg (Hrsg.), *Im Brennpunkt der Wirtschaftspolitik*,
https://doi.org/10.1007/978-3-658-44415-0_1

Der praktische Nutzen der Volkswirtschaftslehre besteht darin, dass Familien, Unternehmen und Staat zu besseren Entscheidungen finden, die mehr Wohlfahrt ermöglichen. Das braucht Theorie und empirische Grundlagen. Einer Wirtschaftspolitik ohne Theorie fehlen Ziel und Plan sowie das Wissen über die zugrunde liegenden Wirkungsmechanismen. Eine Politik losgelöst von empirischen Grundlagen wäre spekulativ. Evaluationsstudien können systematisch aufzeigen, wie wirksam frühere Massnahmen und Reformen waren. Sie informieren die Entscheidungsträger darüber, welche Instrumente vielversprechend sind und welche nicht.

Wie kann die Wirtschaftspolitik diese Forschungsergebnisse nutzen? Entscheidungsträgern fehlt oft die Zeit und manchmal auch das spezielle Fachwissen, die Entwicklungen in den Fachzeitschriften der Volkswirtschaftslehre zu verfolgen. Zwar verfügen sie über erfahrene und kompetente Mitarbeiter, welche das Wissen aus der Forschung in den Entscheidungsprozess einfliessen lassen können. Sie sollten sich aber idealerweise selbst ein eigenständiges, informiertes Urteil bilden. Ebenso sollte das breite Publikum ein Grundverständnis über die wirtschaftlichen Zusammenhänge entwickeln, um wirtschaftspolitische Massnahmen besser bewerten zu können.

Eine Schwierigkeit im Umgang mit der empirischen Forschung liegt darin, dass viele Studien oft nur Einzelergebnisse liefern. Je nach untersuchter Politikänderung oder Reform, je nach Zeitpunkt und institutionellem Umfeld liefert die empirische Forschung eine grosse Bandbreite von Ergebnissen. Trotzdem lässt sich in vielen Fällen ein breiter Konsens ableiten.

Dieser Sammelband vermittelt einen Überblick über ausgewählte empirische Forschungsarbeiten. Studierende der volkswirtschaftlichen Lehrprogramme auf Master- und Doktorats-Stufe an der Universität St. Gallen haben zahlreiche neue Forschungsergebnisse prägnant zusammengefasst. Sie leisten einen wichtigen Beitrag zum Wissenstransfer von der volkswirtschaftlichen Forschung in die wirtschaftspolitische Praxis und verbessern damit die Informationsgrundlagen für die wirtschafts- und gesellschaftspolitische Debatte.

Neben der Relevanz der Forschungsarbeiten berücksichtigt die Auswahl der Beiträge zwei weitere Kriterien. Erstens stammen die Arbeiten aus den führenden Fachzeitschriften. Sie unterliegen damit einem harten Auswahlprozess mit strenger Qualitätskontrolle. Die besten Fachzeitschriften akzeptieren nur wenige der eingereichten Beiträge, die zudem in einem aufwendigen Begutachtungs- und Überarbeitungsprozess noch weiter verbessert werden. Zweitens stellt die Auswahl auf das Ansehen der Wissenschaftler in der Fachwelt ab. In den Spitzenzeitschriften vergehen oft mehrere Jahre bis zur tatsächlichen Publikation einer Arbeit. Daher werden auch die neuesten Forschungsarbeiten führender Ökonomen berücksichtigt, die bereits als Diskussionspapiere renommierter Universitäten und Forschungsnetzwerke zugänglich sind.

Der vorliegende Sammelband stellt neue Forschungsergebnisse zu unterschiedlichen Themen zusammen. Trotz der grossen Breite und der selektiven Auswahl der Themen gibt es einen grossen Zusammenhang. Innovation, Klimawandel und Globalisierung zwingen Familien und Unternehmen, sich ständig neu anzupassen. Die Märkte lenken Arbeit und Kapital dorthin, wo die grössten Erträge und Chancen liegen. Damit die Marktwirtschaft zu guten Ergebnissen führt, braucht sie Leitplanken von der Wirtschaftspolitik und Unterstützung durch den Staat. Der Staat leistet wichtige Vorleistungen wie Grundlagenforschung, Bildung und öffentlichen Infrastruktur, ermöglicht mit den Sozialwerken wirtschaftliche Sicherheit, und sorgt mit Steuern und Sozialleistungen für Ausgleich und Zusammenhalt in der Gesellschaft.

Aktuelle Herausforderungen

Innovation und Globalisierung treiben den wirtschaftlichen Wandel voran, und Klimawandel ist die neue Herausforderung. Neue Produkte und Technologien verändern die Wirtschaft. Sie wecken neue Bedürfnisse, bieten den Konsumenten grössere Auswahl, und halten die Preise im Zaum. Innovation führt zu Automatisierung in Produktion und Vertrieb, spart Kosten und bremst den Preisanstieg. Die Digitalisierung verändert die Geschäftsmodelle der Unternehmen und der öffentlichen Verwaltung. Die Arbeitswelt stellt neue Anforderungen.

Innovation beginnt bei der Grundlagenforschung an den Universitäten. Unternehmen investieren in angewandte Forschung und Entwicklung, um ihre Wettbewerbsfähigkeit zu steigern und neue Märkte zu erschliessen. Im Prozess kreativer Zerstörung verdrängen innovative Unternehmen mit besseren Produkten und Dienstleistungen die etablierten Konkurrenten, die es versäumt haben, ihr Geschäftsmodell anzupassen. Viele Arbeitnehmer können in den Wachstumsbranchen neue Chancen realisieren und an den Einkommensgewinnen teilhaben. Traditionelle Qualifikationen verlieren jedoch ihren Wert, sodass Löhne und Beschäftigung in Gefahr geraten. Innovation steigert die Produktivität und ermöglicht höheren Wohlstand. Allerdings produziert der wirtschaftliche Wandel nicht nur Gewinner, sondern auch Verlierer. Die Herausforderung der Wirtschaftspolitik ist es, das Wachstum in eine inklusive Richtung zu lenken und für eine möglichst breite Teilhabe zu sorgen.

Ähnliche Folgen hat die Globalisierung. Niedrigere Transportkosten, der Abbau von Handelsbarrieren, die Vertiefung und Erweiterung des europäischen

Binnenmarktes und die Integration Chinas und anderer Schwellenländer in die Weltwirtschaft multiplizieren den internationalen Handel. Handel ermöglicht eine bessere Spezialisierung und Arbeitsteilung, spart Kosten und ermöglicht niedrigere Preise. Der weltweite Wettbewerb und der Zugang zu grossen Absatzmärkten fördern die Innovation. Alle Länder gemeinsam profitieren von Handelsgewinnen durch niedrigere Preise und grössere Produktvielfalt.

Aber auch der Freihandel löst Strukturwandel aus, zwingt Unternehmen und Arbeitende zur Anpassung, und schafft Gewinner und Verlierer. Während innovative Exporteure und multinationale Unternehmen stärker wachsen und mehr Beschäftigung schaffen, müssen andere Unternehmen der Importkonkurrenz weichen und Arbeitsplätze abbauen. Die Wirtschaftspolitik muss es schaffen, möglichst viel Beschäftigung auf die expandierenden Branchen zu lenken und mögliche Verlierer sozial abzusichern. So können möglichst viele an den Handelsgewinnen teilhaben, damit die Unterstützung für den Freihandel erhalten bleibt. Und die Handels- und Wettbewerbspolitik muss unfairen Wettbewerb zwischen Ländern verhindern und für gleich lange Spiesse im Wettbewerb von globalen Konzernen und den lokalen Unternehmen sorgen.

Die neue Herausforderung ist der Klimawandel. Er gefährdet den erreichten Wohlstand. Kein Individuum, kein Unternehmen, und kein Land vermag die globale Erwärmung allein zu stoppen. Der CO_2 Ausstoss in China und Indien führt zu Klimaschäden in Europa und umgekehrt. Die Politik muss der Umwelt einen Preis geben, um Haushalten und Unternehmen die Folgekosten für das Klima anzulasten und ihr Verhalten in eine umweltfreundliche Richtung zu lenken. Hohe CO_2 Steuern und strikte Quoten im Emissionshandel sollen Kohle, Öl und Gas unrentabel machen, um die Emissionen zu stoppen. Der Ausstieg aus fossiler Energie braucht Ersatz aus sauberen erneuerbaren Quellen wie Sonne, Wind und Wasser. Das wird ohne Anstieg der Energiepreise nicht gehen. Diese können umso niedriger bleiben, je mehr Forschung und Innovation helfen, Energie einzusparen und die grünen Energiequellen zu verbessern und zu multiplizieren. Doch der Anstieg der Energiepreise erzeugt Widerstand. Die Politik kann mit gezielter Unterstützung einkommensschwacher Gruppen mehr Unterstützung für die Klimapolitik sichern.

Aufgaben der Wirtschaftspolitik

Wenn die Wirtschaft sich stark wandelt, muss auch die Wirtschaftspolitik sich ändern und neue Herausforderungen aufnehmen. Der Klimawandel zeigt wie kein anderes Problem, dass die Politik die richtigen Rahmenbedingungen setzen muss, damit die Marktwirtschaft zu einem guten Ergebnis kommt und das Wachstum nachhaltig bleibt und zu höherem Wohlstand führt. Innovation erfordert staatliche Vorleistungen durch Investitionen in Forschung und Bildung, sowie flexible Arbeits- und Kapitalmärkte, sodass Arbeitnehmer und Kapital von schrumpfenden zu expandierenden Branchen wechseln. Nur ein handlungsfähiger Staat ist dabei in der Lage, diese investiven Aufgaben zu erfüllen.

Die Wirtschaftspolitik soll zweitens dafür sorgen, dass möglichst viele an den Chancen des Wandels teilhaben können und die Unterstützung in der Bevölkerung erhalten bleibt. Sie muss die Verlierer angemessen entschädigen und auch den Benachteiligten eine Perspektive auf sozialen Aufstieg bieten, damit die Ungleichheit moderat und das Wachstum inklusiv bleibt.

Um zu informierten Entscheidungen zu gelangen, braucht die Wirtschaftspolitik verlässliche empirische Evidenz über die Auswirkungen alternativer Massnahmen. Die folgenden Beiträge des Buchs fassen wichtige Ergebnisse der empirischen Forschung in den führenden Fachzeitschriften der Volkswirtschaftslehre zusammen. Die Beiträge sind in sechs Schwerpunktthemen der Wirtschaftspolitik gruppiert.

Wissenschaft und Innovation

Mit Innovation wächst die Wirtschaft schneller. Innovation ist umso erfolgreicher, wenn sich öffentliche und private Forschung gut ergänzen. Die Unternehmen investieren in F&E, um neue Märkte zu erschliessen, Kosten zu senken, und ihre Wettbewerbsfähigkeit zu stärken. Die zunehmende Verlagerung der Grundlagenforschung von den Unternehmen in die Universitäten führt zu einer neuen Arbeitsteiligkeit in der Forschungslandschaft. Die Universitäten spezialisieren sich mehr auf komplexe und riskante Grundlagenforschung mit noch unsicheren Anwendungsmöglichkeiten. Die Unternehmen investieren vorwiegend in anwendungsorientierte F&E mit hohen Chancen der Kommerzialisierung. In dieser Arbeitsteiligkeit hängt die Wirtschaft stärker vom Nachschub mit neuen Ideen aus der Forschung der Universitäten ab. Die Bedeutung der universitären Forschung für Innovation und Wachstum nimmt zu. Regionen mit einer lokalen Universität weisen mehr Patentanmeldungen auf und sind innovativer als andere Regionen ohne eine eigene Universität.

Die Universitäten und Zentren der Grundlagenforschung erbringen wichtige Vorleistungen für die private F&E. Sie schaffen neues Wissen und bilden die grössten Talente aus. Die Grundlagenforschung soll allen nutzen, frei zugänglich sein, und braucht daher eine nachhaltige Basisfinanzierung. Die angewandte Forschung an den Universitäten erschliesst die Erkenntnisse der Grundlagenforschung für eine potenzielle Kommerzialisierung. Sie stiftet konkreten Nutzen für die Wirtschaft, trifft auf Nachfrage und Zahlungsbereitschaft der Unternehmen, und trägt zur Drittmittelfinanzierung bei. Wenn der Staat die Basisfinanzierung kürzt, weichen die Universitäten stärker auf Drittmittelfinanzierung aus. Das stört die Balance zwischen Grundlagen- und angewandter Forschung, mindert die Qualität der wissenschaftlichen Publikationen, und beeinträchtigt High-Tech-Unternehmensgründungen durch die AbsolventInnen.

Private F&E ist kostspielig und muss sich rechnen. Neben F&E-Förderung ist der Patentschutz ein zentrales Element der Innovationspolitik. Der Patentschutz sichert den Unternehmen den notwendigen Ertrag, damit die F&E-Investitionen rentieren. Nach Ablauf des Patentschutzes wird der Wettbewerb hart und die Gewinne schrumpfen. Im Zuge der Covid-Krise wurde eine befristete Aufhebung des Patentschutzes für die Impfstoffe gefordert. Damit sei eine raschere Ausweitung der Produktion und Versorgung mit Impfstoffen möglich. Aber eine Aufweichung des Patentschutzes könnte künftige Innovationen hemmen. Die empirische Evidenz zeigt, dass die Forschungs- und Innovationstätigkeit der Unternehmen in Folge einer Abschwächung des Patentschutzes deutlich zurückgeht. Start-ups und kleinere und mittlere Unternehmen sind besonders von einem effektiven Patentschutz abhängig. Eine andere Sorge ist, dass ein zu weitgehender Patentschutz die weitere Nutzung von Forschungserkenntnissen durch andere Unternehmen erschwert und neue Innovationen verlangsamt. Die empirische Forschung legt jedoch nahe, dass der Patentschutz Folgeinnovationen kaum hemmt.

Klimawandel

Der Klimawandel hält Politik und Wirtschaft auf Trab. Die Emissionen von Treibhausgasen müssen bis 2050 auf netto Null sinken, um den Klimawandel zu stoppen. Es muss gelingen, Kohle, Öl und Gas mit erneuerbarer Energie aus Sonne, Wind und Wasser zu ersetzen. Hohe CO_2 Preise, entweder durch hohe CO_2 Steuern oder hohe Preise für Emissionsrechte nach einer Verringerung der Quoten im Emissionshandel, sind unvermeidlich und führen zu einem Anstieg der Energiepreise. Aber neue Kosten lähmen die Wettbewerbsfähigkeit und bremsen das Wachstum. Ist Innovation die Lösung? Mit Prozessinnovationen können die Unternehmen die Produktion emissionssparend verbessern, den Kostenanstieg durch CO_2-Steuern wenigstens teilweise kompensieren, und ihre preisliche Wettbewerbsfähigkeit steigern. Wenn die Emissionen sinken, ohne die Kosten zu steigern, wäre das Ziel einer wachstumsfreundlichen Klimapolitik erreicht.

Um die Emissionen stark zu reduzieren, muss die Wirtschaft ihre F&E-Investitionen auf erneuerbare Energie richten und die Weiterentwicklung fossiler Energieträger stoppen. Die empirische Evidenz zeigt, dass steigende Umweltsteuern die privaten F&E-Investitionen für eine Reduktion von Schadstoffen deutlich anregen. Sie steigen am stärksten in jenen Unternehmen, die einen überdurchschnittlich hohen Schadstoffausstoss haben. Sie können mit einer Verringerung der Emissionen am meisten CO_2-Kosten einsparen. Die F&E-Reaktionen fallen umso stärker aus, je besser der Zugang zu externem Wissen und Knowhow ist. Steigende Preise für Emissionsrechte haben eine ähnliche Wirkung und lenken die private F&E stärker auf die Entwicklung sauberer Technologien. Das senkt die Kosten für die Eindämmung der Emissionen und steigert die Chance, die ehrgeizigen Klimaziele zu erreichen.

Aber es ist schwer, die Richtung der Innovation grundsätzlich zu ändern und das gesammelte Knowhow in der Nutzung fossiler Energie in grossen Teilen abzuschreiben. Um diese Trägheit zu überwinden und einen nachhaltigen Paradigmenwechsel einzuleiten, braucht es anfänglich kräftige Massnahmen: nicht nur hohe CO_2 Steuern und Preise für Emissionsrechte, sondern auch starke Investitionen in die Grundlagenforschung und in die F&E-Förderung grüner Technologien. Dagegen müssen die Subventionen für die Weiterentwicklung fossiler Energieträger verschwinden. Je kräftiger die Politikinterventionen heute schon ausfallen, desto rascher gelingt die Umstellung der privaten F&E von fossilen auf grüne Technologien, wie sich in einer Analyse der Patentanmeldungen in der Automobilindustrie deutlich zeigt.

Gerade die grossen Unternehmen haben in der Vergangenheit viel Erfahrung in fossiler Energie gesammelt. Es fällt ihnen schwer, dieses Know-how abzuschreiben und ihre Forschung radikal auf erneuerbare Energie umzustellen. Junge Unternehmen sind nicht in vergangenen F&E-Mustern verhaftet und können sich leichter auf erneuerbare Energie spezialisieren. Die Energiewende gelingt eher, wenn die Wirtschaftspolitik den Marktzutritt junger Unternehmen und ihre anschliessenden F&E-Investitionen erleichtert.

Auch die Banken haben einen Einfluss auf die Richtung der privaten Investitionen und der F&E-Ausgaben. Sie können die Kreditvergabe für grüne Investitionen ausdehnen und jene für emissions-intensive Investitionen erschweren. Zuletzt haben sich immer mehr Banken zu den Zielen des Pariser Klimaabkommens bekannt. Führt diese Selbstverpflichtung dazu, dass Banken Kredite verstärkt von verschmutzenden hin zu grünen Unternehmen lenken? Oder handelt es sich vorwiegend um «Greenwashing»? Die empirische Evidenz zeigt, dass Banken mit einer solchen Selbstverpflichtung tatsächlich weniger Kredite an emissionsstarke Unternehmen vergeben. Allerdings finden sich nur wenig Hinweise dafür, dass die besonders starken Emittenten ihren CO_2-Ausstoss deshalb verringern. Die Banken können die Energiewende in der Kreditvergabe begleiten und unterstützen, aber nicht eine mangelhafte Klimapolitik kompensieren.

Handel

Die Vorteile des Freihandels überwiegen. Die Länder können sich auf das spezialisieren, was sie in der Produktion am besten können. Was andere viel billiger produzieren, wird importiert. Doch die Vor- und Nachteile im Inland sind sehr unterschiedlich verteilt. Die Konsumenten gewinnen mit niedrigeren Preisen und mehr Auswahl. Die Exportunternehmen und ihre Arbeitnehmer profitieren vom besseren Zugang zu Absatzmärkten und von neuen Wachstumschancen. In den importkonkurrierenden Branchen dagegen fürchten die Arbeitenden um Jobs und gute Löhne. Die Nachteile des Freihandels sind sichtbar und konkret, die Vorteile sind für den Einzelnen eher diffus. Das prägt die politischen Anreize und begünstigt den Protektionismus. Im Extremfall entsteht ein Handelskrieg. Die Regierungen verhängen Schutzzölle dort, wo sie bei den Benachteiligten am meisten Stimmen mobilisieren. Die geschädigten Handelspartner antworten mit Vergeltungszöllen in sensiblen Branchen, um den politischen Chancen der gegnerischen Regierung maximal schaden. Der gemeinsame Vorteil für alle zusammen bleibt auf der Strecke.

Freihandel hat es schwer. Gleichgesinnte Nationen schliessen sich zu Handelsblöcken zusammen. So wollen z. B. Kanada und die EU mit dem Freihandelsabkommen CETA den gegenseitigen Handel mit reduzierten Zöllen begünstigen und ihre Wirtschaft beleben. Andere Handelspartner bleiben aussen vor. Ein Ursprungsnachweis soll verhindern, dass Unternehmen aus Drittstaaten mit Umgehungsgeschäften die Vorzugszölle ausnutzen. In den meisten Fällen sind jedoch solche Umgehungsgeschäfte ohnehin nicht profitabel, weil die zusätzlichen Transport-, Vertrags- und Rechtskosten wesentlich grösser sind als die Zollvorteile. Wozu braucht es dann einen teuren Ursprungsnachweis? Was auf alle Fälle bleibt, sind die hohen Bürokratie- und Verwaltungskosten, die erst wieder neue Handelskosten für die bevorzugten Handelspartner schaffen und am Ende die Preise zum Nachteil der Konsumenten erhöhen. Wem ist da gedient?

Der Handel hat auch konjunkturelle Auswirkungen. Er ist ‚ansteckend'. Ist eine Region oder ein Land im Boom, dann profitieren in anderen Regionen die Exporteure von Konsumgütern und die Zulieferer. Dank intensiver Handelsbeziehungen können auch sie am Boom teilhaben und mehr Beschäftigung und Wachstum erzielen. In der Krise passiert das Gegenteil. Starke Handelsverflechtungen führen zu einer Ausbreitung der Rezession. Am Ende sitzen jedoch alle in einem Boot. Im Boom fliesst Kaufkraft ab und stärkt in anderen Regionen einen schwächeren Konjunkturgang. Stürzt eine Region in die Rezession, tragen andere Bundesstaaten, die noch wenig betroffen sind und das besser verkraften können, den Einbruch mit. So kann ein Handelsraum sich gegenseitig stützen und insgesamt die Konjunkturschwankungen dämpfen.

Wenn im Inland die Produktion den Konsum übersteigt, entstehen anhaltende Ersparnisse und Exportüberschüsse. Sie lassen das Auslandsvermögen eines Landes wachsen und führen zu künftigen Kapitaleinkommen aus dem Ausland. Mit kluger Anlagepolitik erzielen die Ersparnisse höhere Erträge. China ist ein Land der jungen Sparer und bildet riesige Finanzvermögen. Der Aufstieg Chinas auf den internationalen Finanzmärkten ist vorprogrammiert. Ein Land kann viel gewinnen, indem es sein Finanzvermögen breit streut, das Risiko mindert, und mit dem Ertrag aus Auslandsinvestitionen das Einkommen in der Zukunft steigert. Die Investoren müssen jedoch beides im Blick haben, Ertrag und Risiko. Wie erfolgreich sind die chinesischen Auslandsinvestitionen? Die empirische Evidenz deutet darauf hin, dass die chinesische Anlagepolitik nicht nur Ertrag und Risiko in Sinn hat, sondern auch strategische Ziele verfolgt. Es kommt zu Über- und Unterinvestitionen in manchen Branchen und Regionen, die den Investitionsertrag und das künftige Einkommen des Landes mindern.

Beschäftigung und Arbeitsmarkt

Auf dem Arbeitsmarkt entscheidet sich für die meisten Menschen der Erfolg im Leben. Gute Bildung, Fleiss, Geschick und eine Portion Glück helfen, sich aus knappen Verhältnissen zu befreien, fördern den sozialen Aufstieg und mindern das Risiko. Reichtum ist hingegen flüchtig und lässt bisweilen die Motivation erlahmen. Wird in armen Ländern mehr gearbeitet als in reichen? Die empirische Evidenz zeigt erhebliche Arbeitszeitunterschiede zwischen Ländern mit hohem und niedrigem Einkommen auf. Je höher das Pro-Kopf Einkommen, desto kürzer ist die durchschnittliche Wochenarbeitszeit. Bei Wohlstandsvergleichen etwa zwischen Industrie- und Entwicklungsländern blieb dieser Unterschied allerdings meist unberücksichtigt. Dies deutet darauf hin, dass die Produktivitäts- und Wohlfahrtsunterschiede zwischen armen und reichen Ländern grösser sind, als bisher vermutet. In reichen Ländern erwirtschaften die Arbeitenden nicht nur ein höheres Einkommen, sie tun dies auch in kürzerer Zeit.

Die Menschen wollen nicht nur ein hohes Einkommen, sondern auch Sicherheit. Die Arbeitslosenversicherung schützt die Arbeitenden vor grösseren Einkommensausfällen in der Rezession und hilft, den Wohlstand über die Zeit zu glätten. Sie ist auch ein wichtiger automatischer Stabilisator, der die Konjunkturschwankungen dämpft. Gerade die Arbeitslosen haben häufig eine hohe Konsumquote und geben in der Rezession jedes zusätzliche Einkommen aus. Die Absicherung der Einkommen stützt zudem die Kreditfähigkeit der Haushalte. Eine solide finanzierte Arbeitslosenversicherung stabilisiert die Konsumnachfrage, festigt die Widerstandskraft der Wirtschaft, und beschert den Menschen Sicherheit.

Innovation pflügt die Arbeitswelt um. Wer die Chancen der Digitalisierung und anderer Innovationswellen ergreifen will, muss sich anpassen. Digitale Plattformen wie der Fahrdienst Uber bringen viele einzelne Anbieter und Nachfrager zusammen. Sie bieten allen Teilnehmern ein hohes Mass an Flexibilität. Ein Uberfahrer kann z. B. spontan entscheiden, ob er einen Auftrag annimmt oder nicht. Doch wie sehr schätzen die Arbeitenden die grosse Flexibilität solcher Plattformen? Die Evidenz zeigt, dass die flexiblen Arbeitszeiten signifikante Wohlfahrtsgewinne versprechen. Verglichen mit traditionellen Arbeitsverhältnissen mögen solche Arrangements zwar auch Nachteile haben, ein wichtiger Mehrwert liegt aber in der hohen Flexibilität.

Auf dem Arbeitsmarkt entscheidet sich auch die Gleichstellung von Frauen und Männern. Bisweilen braucht es eine Intervention der Politik, um die Entwicklung zu beschleunigen. Quotenregelungen für Führungsgremien von Unternehmen sind ein oft und kontrovers diskutiertes Instrument, um die Gleichstellung weiter voranzubringen. Eine Studie über die Einführung einer Quote für Aufsichtsräte in Norwegen führt zu folgendem Befund: die Quote verbessert die Vertretung der Frauen in den Aufsichtsräten und baut die geschlechtsspezifischen Gehaltsunterschiede innerhalb der Aufsichtsräte ab. Befürchtungen wie z. B., dass es nicht genügend qualifizierte Frauen gäbe, konnten nicht bestätigt werden. Darüber hinaus ist die Wirkung der Quote aber begrenzt. Andere Frauen profitieren kaum von besseren Karriereperspektiven und Arbeitsmarktchancen.

Familie

Partnerschaft und Familie haben für die meisten Frauen und Männer einen hohen Wert, und ebenso berufliche Erfüllung und Karriere. In der Ehe müssen sie sich über die Aufteilung der Heimarbeit und der beruflichen Prioritäten einigen. Die hochqualifizierten Frauen wollen arbeiten und können viel zum Familieneinkommen beisteuern, aber die Zeit zu Hause fehlt. Da sind die Männer gefordert, in Kinderbetreuung und Heimarbeit anzupacken, um Beruf und Familie zu vereinbaren. Ihre Freiräume nehmen ab, sie müssen Kompromisse eingehen. Solche Überlegungen bestimmen schon vorher auf dem Heiratsmarkt die Erwartungen an die Partner und ihre Attraktivität, und können die Heiratschancen hochqualifizierter Frauen beeinträchtigen. Die empirische Evidenz ist eindrücklich: In Ländern mit hoher Gleichberechtigung ist der Unterschied in der Heiratsquote hochqualifizierter im Vergleich zu gering qualifizierten Frauen wesentlich kleiner als in konservativen Ländern mit mangelnder Gleichberechtigung.

Eltern wenden viel Zeit auf und geben ein Vermögen aus, um ihre Kinder zu fördern. Je höher Einkommen und Bildung sind, desto besser gelingt es ihnen. Deshalb steigern höhere Einkommen und Bildung der Eltern die Chancen ihrer

Kinder. Auch Onkel, Tanten, die weitere Verwandtschaft und die Grosseltern üben einen wichtigen Einfluss aus, indem sie Zeit mit den Kindern verbringen, als Vorbild dienen, und Normen und Werte weitergeben. Die Evidenz zeigt, dass die Verwandtschaft den Einfluss des Elternhauses auf die soziale Stellung der Kinder verstärkt. Chancengleichheit und soziale Mobilität sind jedoch beeinträchtigt, wenn Einkommen und Bildung hauptsächlich vom «Glück des richtigen Elternhauses» abhängen. Umso mehr ist die Schule gefordert, alle Talente zu fördern und für Chancengleichheit zu sorgen.

Die Chancen der Kinder hängen auch vom Wohnort der Familie und der nachbarschaftlichen Umgebung ab. Der Umzug in ein reicheres und gebildeteres Wohnviertel steigert die Chancen der Kinder, dass ihre künftigen Einkommen über jenen ihrer Eltern liegen. Der Umzug verbessert die soziale Mobilität und verringert Armut über Generationen hinweg. Warum ziehen einkommensschwache Familien trotzdem nur selten in solche «Chancengebiete»? Eine empirische Studie zeigt, dass neben finanzieller Unterstützung bereits einfache Hilfeleistungen z. B. bei der Wohnungssuche einen solchen Wohnortwechsel deutlich erleichtern. Das verbessert die Perspektiven von Kindern aus einkommensschwachen Familien.

Die Familien schätzen einen besseren Schutz persönlicher Daten im Internet. Diesem Anliegen dient die Datenschutz-Grundverordnung der Europäischen Union aus dem Jahr 2018. Unternehmen müssen die Besucher ihrer Internetseite explizit fragen, welche Daten sie sammeln dürfen und müssen eine «Verzichtsoption» anbieten. Wie stark wird die neue Verzichtsoption genutzt? Und welchen Einfluss hat diese Verordnung auf datenbasierte Unternehmen? Die empirische Evidenz zeigt, dass viele Internetnutzer von der neuen Verzichtsoption Gebrauch machen und ihre persönlichen Daten besser schützen. Trotzdem können datenbasierte Unternehmen das Kaufverhalten der Nutzer nicht schlechter abschätzen als zuvor. Denn jene Nutzer, welche der Datensammlung zustimmen, sind mit der neuen Regelung meist einfacher nachzuverfolgen.

Die Familien sparen für das Alter, für die Ausbildung der Kinder und wollen mit einer Erbschaft die Chancen der nachfolgenden Generation fördern. Sparen mehrt den Reichtum eines Landes, der sich im Wert der Produktionsanlagen und der Immobilien spiegelt. Ein Land braucht Vermögen, um den Arbeitenden durch Ausstattung mit der neuesten Technologie höhere Löhne zu ermöglichen und mit einem Ausbau des Immobilienbestandes die Wohnungsknappheit zu lindern. Angesichts der Konzentration der Finanz- und Immobilienvermögen bei den Reichsten stehen Vermögenssteuern zunehmend im Brennpunkt der Diskussion, um die Ungleichheit zu mindern. Es zeigt sich, dass gerade bei den Reichsten die Vermögensbildung sehr negativ auf höhere Vermögenssteuern reagiert.

Banken

Die Banken erfüllen zentrale Aufgaben. Sie bieten Dienstleistungen des Zahlungsverkehrs an, verwalten die Einlagen der Sparer und überwachen ihr Geld. Sie lenken die Kredite dorthin, wo die Erträge am höchsten sind. Sie reduzieren das Risiko durch Diversifikation und bieten den Sparern Sicherheit für die Einlagen. Und sie leisten eine Fristen- und Grössentransformation, indem sie viele kleine, kurzfristig abrufbare Spareinlagen der Wirtschaft in Form von grossen langfristig gebundenen Krediten zur Verfügung stellen. Damit unterstützen sie das Wachstum und stabilisieren die Konjunktur. Diese wertsteigernden Aufgaben geraten in Gefahr und die Banken werden selbst zu einer Quelle des Risikos, wenn sie überschuldet sind, zu viel Risiko eingehen und das regulatorische Umfeld bedenkliche Managementanreize setzt. Wenn die Banken das Vertrauen der Sparer verlieren, droht eine Finanzkrise.

Die Zentralbanken müssen auf Finanzstabilität achten und sind die Kreditgeber letzter Instanz. Sie finanzieren Geschäftsbanken selbst dann, wenn kaum andere Anleger dazu bereit sind. Dies trägt dazu bei, Liquiditätsengpässe oder gar destabilisierende Bankenpaniken zu verhindern. Nehmen Geschäftsbanken Zentralbankkredite auf, um Liquidität sicherzustellen, oder gibt es auch andere Gründe dafür? Eine Analyse der Kreditvergabe der Europäischen Zentralbank (EZB) an Geschäftsbanken während der Staatsschuldenkrise gibt Aufschluss. Gerade die schwachen Banken mit wenig Eigenkapital, die ohnehin ein schlechtes Rating hatten und sich auf dem Markt teuer refinanzieren mussten, nahmen überproportional viele Kredite bei der EZB auf und kauften gleichzeitig hochverzinsliche, aber riskante Staatsanleihen europäischer Krisenstaaten. Eine solche Entwicklung geht mit einer Umverteilung risikobehafteter Vermögenswerte von stark zu schwach kapitalisierten Banken einher und beeinträchtigt die Stabilität des Bankensektors.

Die Wirtschaft braucht Kredit, und die Gesellschaft mehr Sicherheit. Die Banken müssen in der Kreditvergabe auf Ertrag und Risiko gleichzeitig achten. Damit die Regulierung effektiven Schutz bieten kann, muss die Bankenaufsicht die Einhaltung der Vorschriften überwachen und frühzeitig das Entstehen übermässiger Risiken aufdecken. In der Bankenunion kann eine zentrale Aufsicht eher für gleich lange Spiesse im europaweiten Wettbewerb der Banken sorgen, kann unabhängiger als nationale Aufsichtsbehörden agieren, und dank besserer Ressourcen auch komplexe Grossbanken wirksam beaufsichtigen. Die Evidenz zeigt, dass die Kreditvergabe sicherer wird. Die Banken sind angehalten, faule und riskante Kredite zügig abzubauen und mehr Kredit auf Unternehmen mit besseren Aussichten zu lenken. Es zeigt sich auch, dass bei niedrigen Zinsen die Banken einen höheren Anteil der Kredite an riskantere Unternehmen vergeben.

Banken halten oft einen erheblichen Anteil heimischer Staatsschulden, um die Ertragsquellen zu diversifizieren. Unternehmenskredite sind riskanter und werfen höhere Zinsen ab. Staatsanleihen rentieren weniger, sind aber umso sicherer. Wenn jedoch die öffentlichen Finanzen entgleisen und der Staat zum Risiko wird, stecken sich die Banken an. Es zeigt sich, dass sie von ihren Kunden höhere Zinsen verlangen und weniger Kredite vergeben können, wenn sie in der Krise hohe Verluste auf Staatsanleihen erleiden. Die Kreditklemme blockiert das Wachstum und verschärft die Krise. Es droht ein Teufelskreis zwischen überschuldeten Staaten und schwachen Banken.

Seit der globalen Finanzkrise 2008 sind die Zinsen in der Eurozone und in vielen anderen Industriestaaten sehr niedrig. Anders als von Ökonomen erwartet, führten die langanhaltend tiefen Zinsen lange Zeit kaum zu nennenswert höheren Preisen. Im Gegenteil, die Inflation lag meist sogar unter dem Ziel der Zentralbanken. Wie kann man dieses Inflationsrätsel erklären? Eine neue empirische Untersuchung deutet auf eine wichtige Rolle von «Zombie Firmen» hin. Sie sind wenig produktiv, hochverschuldet und überleben nur dank tiefer Zinsen. Dennoch steigert ihre Produktion das Güterangebot, was die Preise niedrig hält. Erst mit grosser Verzögerung hat nun die Inflation stark zugenommen, und die Zentralbanken mussten eine Zinswende einleiten.

Wachstum und Stabilität hängen nicht nur von Zinsen und Kreditvergabe ab, sondern auch von der Qualität des institutionellen Umfelds. Dazu zählt die Zahlungsmoral. Wenn die Kunden die Rechnung rasch begleichen, entspannt sich die Knappheit an Liquidität. Der Zugang zu Krediten verbessert sich. Die Unternehmen können ihre Investitionen leichter finanzieren und neue Beschäftigte einstellen. Für viele Unternehmen ist der Staat ein wichtiger Kunde. Die empirische Evidenz zeigt sich, dass auch eine hohe Zahlungsmoral des Staates die Wirtschaft belebt. Gerade in konjunkturell schwierigen Zeiten ist eine hohe Zahlungsmoral besonders wirksam und kann die Erholung beschleunigen.

Information als Grundlage der Politik

Die volkswirtschaftliche Forschung liefert wertvolle Grundlagen für eine evidenzbasierte Wirtschaftspolitik. Sie gibt Aufschluss über Wirkungszusammenhänge und über die quantitativen Auswirkungen verschiedener Reformen und Programme. Zwar kann auch sie keine absolute Sicherheit bieten. Denn einmal ermittelte Zusammenhänge müssen unter sich wandelnden Rahmenbedingungen stets neu überprüft und besser verstanden werden. Nur eines ist gewiss: ohne empirische Forschung ist eine evidenzbasierte Politik unmöglich. Es bliebe bloss die

Spekulation über mögliche Auswirkungen wirtschaftspolitischer Massnahmen. Die Wirksamkeit der Politik darf nicht dem Zufall überlassen bleiben.

Ebenso sollen die Erkenntnisse der Volkswirtschaftslehre den Wählerinnen und Wählern dabei helfen, sich eine eigenständige und informierte Meinung über die ökonomischen Zusammenhänge und die Folgen wirtschaftspolitischer Massnahmen zu bilden. Deshalb ist es wichtig, dass komplexe Erkenntnisse auf das Wesentliche vereinfacht und allgemein verständlich vermittelt werden. Das ist der wichtige Beitrag der Studierenden im Projekt ‚Next Generation'. Mit diesem dritten Sammelband, der eine kleine aber hoffentlich wichtige Auswahl neuer Forschungsergebnisse bietet, lassen Nachwuchskräfte der Volkswirtschaftslehre das interessierte Publikum an ihrem Wissen aus dem Studium teilhaben.

Open Access Dieses Kapitel wird unter der Creative Commons Namensnennung 4.0 International Lizenz (http://creativecommons.org/licenses/by/4.0/deed.de) veröffentlicht, welche die Nutzung, Vervielfältigung, Bearbeitung, Verbreitung und Wiedergabe in jeglichem Medium und Format erlaubt, sofern Sie den/die ursprünglichen Autor(en) und die Quelle ordnungsgemäß nennen, einen Link zur Creative Commons Lizenz beifügen und angeben, ob Änderungen vorgenommen wurden.

Die in diesem Kapitel enthaltenen Bilder und sonstiges Drittmaterial unterliegen ebenfalls der genannten Creative Commons Lizenz, sofern sich aus der Abbildungslegende nichts anderes ergibt. Sofern das betreffende Material nicht unter der genannten Creative Commons Lizenz steht und die betreffende Handlung nicht nach gesetzlichen Vorschriften erlaubt ist, ist für die oben aufgeführten Weiterverwendungen des Materials die Einwilligung des jeweiligen Rechteinhabers einzuholen.

Wissenschaft und Innovationen

Universitäten brauchen Basisfinanzierung

Fortunat Ramming

Relevanz
Universitäten schaffen neues Wissen und bilden die grössten Talente aus. Die Grundlagenforschung soll allen nutzen, frei zugänglich sein, und braucht daher eine nachhaltige Basisfinanzierung. Die angewandte Forschung stiftet konkreten Nutzen für die Wirtschaft und trägt zur Drittmittelfinanzierung der Universitäten bei. Die Unternehmen müssen jedoch die Erträge schützen, damit ihre Investitionen in die Forschung rentieren. Privat finanzierte Forschung fördert die Kommerzialisierung, aber begrenzt die Nutzung durch andere. Wenn der Staat die Basisfinanzierung kürzt, weichen die Universitäten auf Drittmittelfinanzierung aus. Das stört die Balance zwischen Grundlagen- und angewandter Forschung, mindert die Qualität der wissenschaftlichen Publikationen, und beeinträchtigt High-Tech-Unternehmensgründungen durch die AbsolventInnen.

Quelle
Babina, T., He, A. X., Howell, S. T., Perlman, E. R., & Staudt, J. (2023). Cutting the innovation engine: How federal funding shocks affect university patenting, entrepreneurship, and publications, *Quarterly Journal of Economics, 138,* 895–954.

In den letzten Jahrzehnten sind die Investitionen der US-Regierung in Forschung und Entwicklung kontinuierlich gesunken. Forschende müssen mit immer we-

F. Ramming (✉)
Universität St. Gallen, St. Gallen, Schweiz
E-Mail: fortunat.ramming@student.unisg.ch

© Der/die Autor(en) 2024

C. Keuschnigg (Hrsg.), *Im Brennpunkt der Wirtschaftspolitik*,
https://doi.org/10.1007/978-3-658-44415-0_2

niger Forschungsgeldern zurechtkommen oder andere Finanzierungsquellen erschliessen. Wie wirkt sich eine Kürzung der staatlichen Forschungsgelder für Universitäten auf Innovation, Unternehmertum und wissenschaftlichen Fortschritt aus? Wie stark wird die Innovationskraft der USA nachlassen? Konkret untersucht das Forscherteam, wie sich nach einer kräftigen Ausgabenkürzung in den betroffenen Universitäten die Zahl der angemeldeten Patenten, die Häufigkeit wissenschaftlicher Publikationen und die Anzahl an Gründungen von High-Tech Start-Ups veränderten. Diese drei Faktoren haben einen starken Einfluss darauf, wie sich universitäre Innovationen verbreiten. Innovationen können über Publikationen öffentlich zugänglich sein, sie können von den Forschenden selbst kommerzialisiert werden, z. B. durch Gründung von High-Tech Start-Ups, oder sie können durch Patentierung handelbar werden und Patenterlöse generieren.

Die AutorInnen verwenden Daten von 2001 bis 2017 über zugesprochene staatliche Forschungsgelder an 22 US-Universitäten. Dabei konzentrieren sie sich auf die Fälle, in denen die staatliche Finanzierung temporär und um mindestens 40 % gekürzt wurde. Sie analysieren, wie sich nach einer starken Kürzung die Anzahl der generierten Patente und Publikationen sowie die Anzahl an gegründeten High-Tech Start-Ups veränderten. Ausserdem untersuchen sie, bei welcher Gruppe die negativen Effekte am stärksten niederschlagen, ob bei Fakultätsmitgliedern, Masterstudierenden und Post-DoktorandInnen, Bachelorstudierenden oder anderen Mitarbeitenden.

Eine starke Kürzung staatlicher Forschungsgelder um mindestens 40 % reduziert die Chance, dass ein Forschender ein High-Tech Unternehmen gründet, im Schnitt um 80 %.

Der Effekt ist besonders stark bei Masterstudierenden und Post-DoktorandInnen, die über ihre Karriere entscheiden müssen. Tatsächlich kommen an den Universitäten die meisten Start-Up GründerInnen aus dieser Gruppe. Sie verfügen über das nötige Know-how, um ein High-Tech Unternehmen zu gründen. Anders als die Fakultätsmitglieder haben sie keine sichere Anstellung an den Universitäten. Sie haben daher das grösste Interesse, ein High-Tech Start-Up zu gründen. Sie sind auch am meisten davon betroffen, wenn es nach einer starken Kürzung von Forschungsgeldern schwieriger wird, das Knowhow für diesen Schritt zu erwerben. Nach einer starken Budgetkürzung steigt zudem die Zahl der Forschenden, die in eine feste Anstellung in der Privatwirtschaft wechseln. Es sind hauptsächlich die AbsolventInnen, welche der Forschung den Rücken kehren, wenn mangels Finanzierung eine akademische Laufbahn schwieriger und riskanter wird.

Die Chance, dass Forschende ein Patent anmelden, hat sich nach einer Kürzung der staatlichen Forschungsgelder verdoppelt.

Wenn es an staatlicher Grundfinanzierung mangelt, steigt der Druck, andere Finanzierungsquellen aufzutreiben und mehr Drittmittel anzuwerben. Ein Weg dazu sind Erlöse aus Patenten. Am häufigsten führen Projekte von Fakultätsmitgliedern zusammen mit Masterstudierenden und Post-DoktorandInnen zu Patentenanmeldungen. Der Druck zur Drittmittelfinanzierung mag von der Grundlagenforschung ablenken und das akademische Publikationsniveau beeinträchtigen. Das Forscherteam stellt jedenfalls fest, dass nach einer starken Kürzung staatlicher Forschungsmittel zwar die Neigung zur Patentierung stark steigt, aber die Qualität der angemeldeten Patente abnimmt. Zudem sind die Inhaber der Patente oft private Unternehmen und nicht die Forschenden oder die Universität selbst.

Die Anzahl der akademischen Publikationen geht nach einer starken Kürzung staatlicher Forschungsgelder um rund 15 % zurück.

Hauptsächlich betroffen sind Publikationen in der Grundlagenforschung, die tendenziell aufwendiger sind, einen hohen Öffentlichkeitsgrad haben und für alle frei zugänglich sind. Abb. 1 zeigt die Entwicklung der Publikationen in den Jahren vor und nach der Kürzung der Forschungsgelder. Der rechte Teil zeigt, wie in den Jahren nach einer starken Budgetkürzung die Publikationen der Grundlagenforschung kontinuierlich zurückgehen. Publikationen in der angewandten Forschung sind dagegen kaum betroffen, wie der linke Teil der Abbildung zeigt. Parallel dazu nehmen die Publikation in den renommierten Fachzeitschriften wesentlich stärker ab als jene in weniger renommierten Zeitschriften. Ein Rückgang der Basisfinanzierung erhöht den Druck zur Drittmittelfinanzierung und löst an den Universitäten eine Verlagerung von der Grundlagenforschung zur angewandten Forschung aus.

Eine starke Kürzung staatlicher Forschungsgelder hat einen wesentlichen Einfluss auf die Innovationsleistung der Universitäten. Als Folge ändert sich die Finanzierungsstruktur der universitären Forschung. Das Forscherteam berechnet,

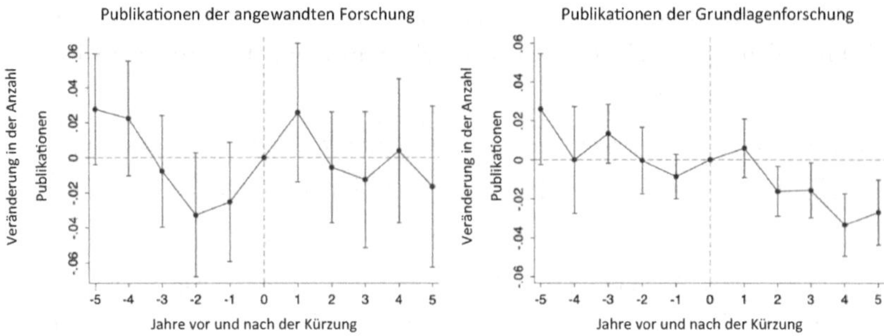

Abb. 1 Publikationen der angewandten und der Grundlagenforschung vor und nach einer starken Budgetkürzung. (Quelle: Babina u. a. (2023), S. 931, Panels E und F)

dass nach einer starken Kürzung staatlicher Forschungsmittel um wenigstens 40 % das tatsächliche Budget der Forschenden lediglich um 14 % fällt. Die Forschenden können also den Ausfall staatlicher Forschungsgelder wenigstens zu einem Teil durch private Finanzierungsquellen kompensieren.

Im Schnitt steigen nach einer starken Kürzung staatlicher Forschungsmittel die Forschungsgelder aus der Privatwirtschaft um 29 % an.

Die Studienautoren nennen drei mögliche Erklärungen für ihre Resultate. Erstens könnte eine starke Budgetkürzung die Produktivität der Forschenden beeinträchtigen. Weniger Geld bedeutet weniger technologische Ausrüstung, weniger qualifiziertes Personal und weniger Konferenzreisen für den wissenschaftlichen Austausch. Das beeinträchtigt die Häufigkeit von erfolgreichen Publikationen ebenso wie die Gründungsrate von universitären High-Tech Start-Ups.

Eine zweite mögliche Ursache ist, dass der Staat an öffentlich zugänglichen wissenschaftlichen Fortschritten interessiert ist und daher eher Projekte der Grundlagenforschung finanziert. Private GeldgeberInnen finanzieren dagegen vorwiegend Projekte der angewandten Forschung, die einen unmittelbaren Nutzen für die Kommerzialisierung versprechen. Zudem wollen sie den kommerziellen Ertrag mit Patenten schützen und nicht öffentlich teilen. Daher sollte nach einem starken Rückgang der staatlichen Forschungsfinanzierung und dem teilweisen Ersatz durch Drittmittel die Häufigkeit universitärer Patentanmeldungen ansteigen, aber die Anzahl von renommierten Publikationen sinken. Es kommt zu einer Verlagerung von der Grundlagen- hin zur angewandten Forschung.

Eine dritte Erklärung für die Resultate könnte die Art und Weise sein, wie mit Forschungsergebnissen umgegangen wird. Unternehmen als Geldgeber haben einen Anreiz, die Verwertung neuer Erkenntnisse mit Patenten zu schützen, damit sich ihre Investitionen in die Drittmittelfinanzierung der Universitäten rentieren. Die Unternehmen versuchen die Verbreitung von neuen Forschungsergebnissen also zu verhindern. Der Staat hingegen muss die volkswirtschaftliche Rendite im Auge haben und ist mehr daran interessiert, dass Innovationen Nutzen für die Allgemeinheit stiften. Der Staat will daher eher, dass Forschungsergebnisse frei zugänglich sind und andere ForscherInnen darauf aufbauen können. Zudem ist der Staat an innovativen Unternehmensgründungen interessiert, um das Wachstum zu beleben. Staatlich finanzierte Forschung geht also eher mit sehr grundlegenden Publikationen einher und bringt mehr High-Tech Start-Ups hervor. Diese sind besonders wichtig, weil rund ein Sechstel der neu geschaffenen Arbeitsplätze durch neue Unternehmen geschaffen werden und die High Tech Start-ups das grösste Wachstumspotenzial haben.

Privat finanzierte Forschung führt dagegen zu mehr Patentanmeldungen, weil sie auf kommerzielle Verwertung abzielt und mit Patenten die Erträge schützen will. Erst wenn die Unternehmen sich ihrer Erträge sicher sind, können sie grosse Investitionen tätigen. Andererseits ist privat finanzierte Forschung nicht zuletzt wegen des Patentschutzes weniger «offen». Das erschwert es anderen Forschenden, die gewonnen Erkenntnisse für den weiteren technologischen Fortschritt zu nutzen. Im Endeffekt kommt es auf die richtige Mischung zwischen Grundlagen- und angewandter Forschung an. Die Studie zeigt, dass eine einseitige Kürzung von staatlichen Forschungsgeldern diese Balance stören kann. Zwar können die Universitäten eine starke Budgetkürzung mit dem Ausbau der Drittmittelfinanzierung wenigstens teilweise kompensieren. Gleichzeitig nimmt sowohl die Qualität der Forschung gemessen an Publikationen in renommierten Fachzeitschriften als auch die Gründung von High-Tech Start-ups ab.

Open Access Dieses Kapitel wird unter der Creative Commons Namensnennung 4.0 International Lizenz (http://creativecommons.org/licenses/by/4.0/deed.de) veröffentlicht, welche die Nutzung, Vervielfältigung, Bearbeitung, Verbreitung und Wiedergabe in jeglichem Medium und Format erlaubt, sofern Sie den/die ursprünglichen Autor(en) und die Quelle ordnungsgemäß nennen, einen Link zur Creative Commons Lizenz beifügen und angeben, ob Änderungen vorgenommen wurden.

Die in diesem Kapitel enthaltenen Bilder und sonstiges Drittmaterial unterliegen ebenfalls der genannten Creative Commons Lizenz, sofern sich aus der Abbildungslegende nichts anderes ergibt. Sofern das betreffende Material nicht unter der genannten Creative Commons Lizenz steht und die betreffende Handlung nicht nach gesetzlichen Vorschriften erlaubt ist, ist für die oben aufgeführten Weiterverwendungen des Materials die Einwilligung des jeweiligen Rechteinhabers einzuholen.

Universitäten beflügeln die Wirtschaft

Fortunat Ramming

Relevanz
Ein neuer Trend ist die zunehmende Verlagerung der Grundlagenforschung von den Unternehmen in die Universitäten. Das führt zu einer neuen Arbeitsteiligkeit in der Forschungslandschaft. Die Universitäten spezialisieren sich mehr auf komplexe und riskante Grundlagenforschung mit noch unsicheren Anwendungsmöglichkeiten. Die Unternehmen investieren vorwiegend in anwendungsorientierte F&E mit hohen Chancen der Kommerzialisierung. In dieser Arbeitsteiligkeit hängt die Wirtschaft stärker vom Nachschub mit neuen Ideen aus der Forschung der Universitäten ab. Die Bedeutung der universitären Forschung für Innovation und Wachstum nimmt zu. Regionen mit einer lokalen Universität weisen mehr Patentanmeldungen auf und sind innovativer als andere Regionen ohne eine eigene Universität.

Quelle
Schoellman, T., & Smirnyagin, V. (2021). *The growing importance of universities for patenting and innovation,* Federal Reserve Bank of Minneapolis, und Yale University School of Management.

Universitäten sind Zentren der Forschung, in denen neues Wissen produziert wird, innovative Ideen entstehen, und zukünftige Fachkräfte auf dem neuesten Stand des Wissens ausgebildet werden. Noch in den 1950er Jahren haben in den

F. Ramming (✉)
Universität St. Gallen, St. Gallen, Schweiz
E-Mail: fortunat.ramming@student.unisg.ch

© Der/die Autor(en) 2024

C. Keuschnigg (Hrsg.), *Im Brennpunkt der Wirtschaftspolitik,*
https://doi.org/10.1007/978-3-658-44415-0_3

USA private Firmen mehr für Grundlagenforschung ausgegeben als Universitäten. Heute investieren Universitäten mehr als doppelt so viel wie private Unternehmen. Es ist ein klarer Trend erkennbar, dass Universitäten immer mehr den Fortschritt in der Grundlagenforschung dominieren. Was bedeutet das für die Innovationskraft der Privatwirtschaft?

Die Autoren Schoellman und Smirnyagin analysieren den Zusammenhang zwischen universitärer Forschung und privater Innovation in verschiedenen Metropolregionen in den USA. Dabei untersuchen sie den Unterschied zwischen der Innovationskraft jener Metropolregionen, die eine forschungsintensive Universität beherbergen, und solchen die keine haben. Eine Universität gilt als forschungsintensiv, wenn sie im untersuchten Zeitraum jährliche Forschungsausgaben von mehr als 10 Mio. US$ hat. Zudem analysieren die Wissenschaftler den Zusammenhang zwischen der Innovationsintensität der Privatwirtschaft und der Höhe der universitären Forschungsausgaben in jenen Metropolregionen, die eine forschungsintensive Universität beheimaten. Als Masseinheit für die Innovationsneigung der Privatwirtschaft verwenden sie die jährlichen Patentanmeldungen.

Die Behauptung ist, dass sowohl die Präsenz einer forschungsintensiven Universität als auch die Höhe der universitären Forschungsausgaben eine positive Auswirkung auf die jährlichen Patentanmeldungen haben, und dass dieser Effekt über die Jahre immer wichtiger geworden ist. Dies würde bedeuten, dass die an einer Universität gewonnenen Erkenntnisse auf die Privatwirtschaft „überschwappen“ und die privaten Innovationen anregen. Die Fachliteratur bezeichnet diesen Zusammenhang als «Spill-Over Effekt», der anscheinend immer grösser geworden ist.

Um mögliche Spill-Over-Effekte nachzuweisen, haben die Autoren Daten über die Forschungs- und Entwicklungsaktivitäten von Universitäten von 1972 bis 2015 gesammelt und diese mit Daten über Patentanmeldungen in 355 Metropolregionen verknüpft. Ein erster Blick auf diese Daten zeigt, dass es tatsächlich einen Zusammenhang zwischen Forschungsausgaben einer Universität und der Anzahl an Patentanmeldungen gibt. Abb. 1a) zeigt, dass Metropolregionen mit einer forschungsintensiven Universität 1972 eine um etwa 50 % höhere Anzahl an Patentanmeldungen hatten als Regionen ohne Universität. Dieser Unterschied stieg auf ungefähr 100 % im Jahr 2015 an. Dieser «extensive Zusammenhang» legt nahe, dass die Neugründung einer Universität die Innovationskraft der Privatwirtschaft in ihrer Umgebung erheblich beflügeln kann. Wenn schon eine Universität existiert, könnte eine weitere Steigerung ihrer Forschungsausgaben die privaten Innovationen zusätzlich anregen («intensiver Zusammenhang»). Abb. 1b) zeigt, dass im Jahr 1972 die privaten Patentanmeldungen um 0,1 % höher ausfallen als in anderen Regionen, wenn das Forschungsbudget der lokalen

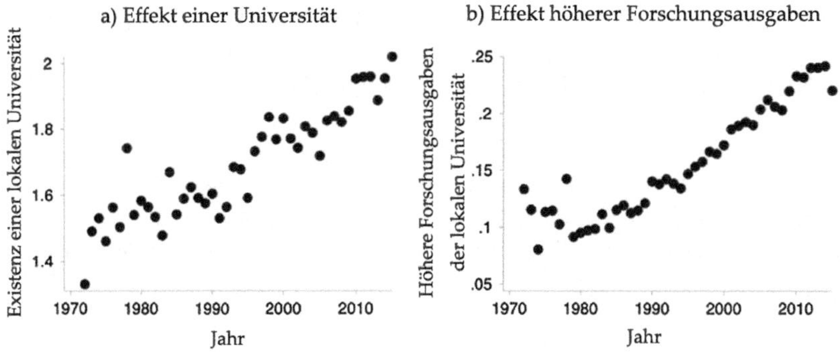

Abb. 1 Auswirkung der universitären Forschung auf die Anzahl privater Patentanmeldungen. (Quelle: Schoellman und Smirnyagin (2021), S. 8)

Universität um 1 % höher ist als das universitäre Budget an den anderen Standorten. Dieser «intensive» Effekt steigt ist bis zum Jahr 2015 auf 0,3 % angestiegen. Dies würde bedeuten, dass im Jahr 2015 eine Verdoppelung der universitären Forschungsausgaben im Schnitt zu einem Anstieg von 30 % bei den privaten Patentanmeldungen führt.

Wenn man sich Abb. 1 anschaut, scheint der Fall klar zu sein. Die Existenz einer lokalen Universität führt zu wesentlich mehr privaten Patentanmeldungen in der Region, genauso wie höhere Forschungsausgaben der lokalen Universität die Patentanmeldungen in der Region weiter steigern. Bei solchen Analysen ist es jedoch wichtig, auch andere Faktoren miteinzubeziehen. Es könnte sein, dass die Steigerung der Patentanmeldungen zusätzlich oder sogar überwiegend auf andere regionale Unterschiede zurückzuführen ist, wie z. B. das Bildungsniveau der Bevölkerung oder die Bevölkerungszahl. Daher haben Schoellman und Smirnyagin in ihren Schätzungen eine Reihe weiterer solcher Einflussgrössen berücksichtigt, um den tatsächlichen Effekt der Universitäten auf die Anzahl an Patentanmeldungen zu isolieren.

Unter Berücksichtigung auch anderer plausibler Einflussgrössen schätzen die Wissenschaftler zunächst, wie sich die Präsenz einer lokalen Universität auf die Anzahl an privaten Patentanmeldungen in der Region auswirkt. Dabei finden sie, dass die Präsenz einer Universität (auch einer mit jährlichen Forschungsausgaben von weniger als $10 Mio.) in einer Metropolregion im Jahr 1972 zu einer um 5 % höheren Anzahl an Patentanmeldungen führt, im Vergleich zu anderen Regionen ohne eigene Universität. Dieser Effekt stieg über den untersuchten Zeitraum auf ca. 52 % im Jahr 2015. Noch klarer wird der Effekt, wenn man Metropolregionen mit einer Universität, die nach Forschungsausgaben zu den Top 250 Universitäten gehört, mit den restlichen Metropolregionen vergleicht.

Eine Top 250 Universität zu beherbergen, führte im Jahr 1972 zu einer um 24 % höheren Anzahl an privaten Patentanmeldungen verglichen mit Metropolregionen ohne Top 250 Universität. Dieser Unterschied stieg auf 107 % im Jahr 2015 an.

Innovative Unternehmen könnten einen Anreiz haben, sich in der Nähe von Universitäten niederzulassen und auf diesem Weg von den Spillover-Effekten der universitären Forschung zu profitieren, anstatt selbst Grundlagenforschung mit hohem Risiko für die kommerzielle Verwertung zu betreiben. Die zunehmende Bedeutung der Universitäten für die lokale Wirtschaft könnte damit eine Folge der Verlagerung der Grundlagenforschung von der Privatwirtschaft hin zu den Universitäten sein.

Ebenfalls eine wichtige Rolle spielt der «Bayh-Dole-Act» von 1980. Mit diesem Gesetz verzichtet die US-Regierung vollständig auf jegliche Ansprüche auf Patente, die durch staatlich finanzierte Forschung zustande kommen. Indem die Universitäten und ihre Forscher stärker von den Patenterlösen profitieren können, haben sie einen Anreiz, mehr in patentierbare und kommerziell verwertbare Forschung mit Nutzen für die private Innovation zu investieren. Die Wissenschaftler kommen zu folgendem Ergebnis:

Der zunehmende Unterschied in der privaten Innovationsneigung zwischen Regionen mit einer eigenen Universität und solchen ohne Universität ist zu etwa einem Fünftel auf den Verzicht des Staates an den universitären Patenterlösen (Bayh-Dole-Act) zurückzuführen.

Der zunehmende Effekt der Universitäten auf die private Innovation könnte sich auch deshalb einstellen, weil die Universitäten höhere Forschungsbudgets erhalten. Anstatt der Neugründung einer Universität untersuchen daher die Autoren die Wirkungen aus einer Aufstockung der Forschungsbudgets von bereits existierenden Universitäten. Sie finden, dass im Jahr 1972 eine Erhöhung der universitären Forschungsausgaben um 1 % zu einer um 0,06 % höheren Anzahl an privaten

Patentanmeldungen geführt hat. Dieser Effekt hat sich über den untersuchten Zeitraum mehr als verdreifacht.

Die Wissenschaftler untersuchen zudem den Zusammenhang zwischen den Forschungsausgaben verschiedener Fachbereiche und der Anzahl privater Patentanmeldungen in der entsprechenden Branche. Sie stellen einen positiven Zusammenhang zwischen der Höhe der universitären Forschungsausgaben und der Anzahl der Patentanmeldungen in der jeweiligen Branche fest. Die Effekte fallen allerdings je nach Fachbereich sehr unterschiedlich aus.

Eine Erhöhung der Forschungsausgaben um 1 % im medizinischen Bereich erhöht die Anzahl privater Patentanmeldungen in der Medizinbranche um 0,24 %. In der Informatik und Elektronik ist der Impact mit 1,65 % um ein Mehrfaches grösser.

Schliesslich untersuchen die Autoren, ob der Anstieg aller Patentanmeldungen in einer Region vorwiegend auf mehr Patentanmeldungen der lokalen Universitäten zurückzuführen ist. Wenn dies der Fall wäre, wäre der Anstieg aller regionalen Patentanmeldungen nicht mit einer höheren Innovationsneigung der Privatwirtschaft erklärbar, sondern wäre eben eine direkte Folge der vermehrten Patentanmeldungen durch die Universitäten. Das ist jedoch nicht der Fall. Die Autoren finden sehr ähnliche Ergebnisse, wenn sie die Patentanmeldungen durch Universitäten aus ihrem Datensatz ausschliessen. Dies könnte daran liegen, dass Entdeckungen an den Universitäten oftmals noch nicht reif sind für die Kommerzialisierung und noch weiterentwickelt werden müssen. Etwa ein Drittel aller universitären Erfindungen werden patentiert, davon sind jedoch lediglich 12 % reif für den kommerziellen Gebrauch. Um vom Nutzen universitärer Grundlagenforschung zu profitieren, müssen daher die Unternehmen noch zusätzliche Innovationen leisten.

Die Studie zeigt auf, dass die Grundlagenforschung von grösster Bedeutung für die gesamte Innovationskraft in einer Metropolregion ist. Je mehr von den gesamten Forschungsausgaben in die Grundlagenforschung fliessen, desto höher wird die Anzahl an Patentanmeldungen. Im Schnitt verwenden die Universitäten 59 % ihrer Forschungsausgaben für die Grundlagenforschung. Die Autoren vergleichen die Universitäten, die zu dem obersten Viertel mit den prozentual höchsten Ausgaben für Grundlagenforschung gehören, mit jenen die zum untersten Viertel mit den niedrigsten Ausgaben für Grundlagenforschung gehören. Sie finden, dass die Präsenz einer Universität des obersten Viertels mit einer besonders starken Spezialisierung in der Grundlagenforschung zu einer um 4 % bis 15 % höheren Anzahl an Patentanmeldungen führt, verglichen mit der Präsenz einer Universität aus dem untersten Viertel. Anders ausgedrückt stellen die Autoren fest:

> *Eine Erhöhung des Anteils der Grundlagenforschung an den gesamten Forschungsausgaben um zehn Prozentpunkte hat den gleichen Effekt wie eine Erhöhung der gesamten Forschungsausgaben um 14 %.*

Neue Ideen zu finden und die Grenze der Forschung hinauszuschieben wird schwieriger. Immer öfter sind ganze Teams von hochspezialisierten Wissenschaftlern nötig. Das führt zu einer Verlagerung der Grundlagenforschung mit oft noch unklaren Anwendungen von der Privatwirtschaft zu den Universitäten. In dieser neuen Arbeitsteiligkeit spezialisieren sich die Unternehmen mehr auf F&E mit hohen Chancen auf kommerzielle Anwendung und die Universitäten mehr auf komplexe und riskante Grundlagenforschung. Damit wird jedoch die Wirtschaft stärker von den Impulsen aus der universitären Grundlagenforschung abhängig. Die Bedeutung der Universitäten für Innovation und Wachstum in einer Region nimmt zu.

Open Access Dieses Kapitel wird unter der Creative Commons Namensnennung 4.0 International Lizenz (http://creativecommons.org/licenses/by/4.0/deed.de) veröffentlicht, welche die Nutzung, Vervielfältigung, Bearbeitung, Verbreitung und Wiedergabe in jeglichem Medium und Format erlaubt, sofern Sie den/die ursprünglichen Autor(en) und die Quelle ordnungsgemäß nennen, einen Link zur Creative Commons Lizenz beifügen und angeben, ob Änderungen vorgenommen wurden.

Die in diesem Kapitel enthaltenen Bilder und sonstiges Drittmaterial unterliegen ebenfalls der genannten Creative Commons Lizenz, sofern sich aus der Abbildungslegende nichts anderes ergibt. Sofern das betreffende Material nicht unter der genannten Creative Commons Lizenz steht und die betreffende Handlung nicht nach gesetzlichen Vorschriften erlaubt ist, ist für die oben aufgeführten Weiterverwendungen des Materials die Einwilligung des jeweiligen Rechteinhabers einzuholen.

Die Aufhebung des Patentschutzes bremst Innovation

Matthias Lukosch

Relevanz
Ist eine befristete Aufhebung des Patentschutzes der Covid-19-Impfstoffe ein geeignetes Mittel zur Pandemiebekämpfung? Die Befürworter argumentieren, dass damit eine raschere Ausweitung der Produktion und Versorgung mit Impfstoffen möglich wäre. Aber welche Folgen hat eine Aufweichung des Patentschutzes für die Forschungsanreize der Unternehmen und für künftige Innovationen? Die vorliegende Studie zeigt, dass die Forschungs- und Innovationstätigkeit der Unternehmen in Folge einer Abschwächung des Patentschutzes deutlich zurückgeht. Start-ups und kleinere und mittlere Unternehmen (KMU), die nur begrenzte Möglichkeiten zur Lizenzierung oder zum Verkauf ihrer Patente haben, sind besonders von einem effektiven Patentschutz abhängig.

Quelle
Arora, A., Belenzon, S., Marx, M., & Shvadron, D. (2023). When does patent protection spur cumulative research within firms?, *The Journal of Law, Economics, and Organization.*

In den Diskussionen über die weltweiten Anstrengungen zur Eindämmung der Coronavirus-Pandemie und deren Folgen für Politik und Wirtschaft haben Forderungen nach einer Lockerung des Patentschutzes für Covid-19-Impfstoffe prominente Befürworter gefunden. Neben internationalen Organisationen haben sich

M. Lukosch (✉)
Universität St. Gallen, St. Gallen, Schweiz
E-Mail: matthias.lukosch@student.unisg.ch

© Der/die Autor(en) 2024

C. Keuschnigg (Hrsg.), *Im Brennpunkt der Wirtschaftspolitik*,
https://doi.org/10.1007/978-3-658-44415-0_4

auch zahlreiche Nobelpreisträger sowie Staats- und Regierungschefs für eine temporäre Aussetzung der Patente ausgesprochen. Die Befürworter erhoffen mit der Massnahme eine möglichst schnelle Versorgung der Weltbevölkerung mit den Covid-19-Impfstoffen zum Selbstkostenpreis. Die aktuell äusserst ungleich verteilte Impfstoffverfügbarkeit zwischen Industrie- und Entwicklungsländern liesse sich durch die Massnahme ebenfalls abbauen. Generell sehen sie eine solche Vorgehensweise als ein ausserordentliches Mittel in Zeiten einer globalen Krise.

Die temporäre Aufhebung des Patentschutzes ist jedoch nicht unumstritten. Da die Produktion von Impfstoffen ein komplexes Unterfangen sei, bezweifeln Kritiker, dass eine Aussetzung des Patentschutzes kurzfristig zu einer höheren Produktion führe. Anreize für Unternehmen zu erhalten, auch in Zukunft riskante und kostenintensive Forschung zu betreiben, sei ein weiteres zentrales Argument für den Erhalt des geistigen Eigentums. Private Forschung und Innovationstätigkeiten könnten zurückgehen, sollte der Patentschutz im Falle der Covid-19-Impfstoffe ausgesetzt werden.

Welchen Einfluss hat der Patentschutz tatsächlich auf die Forschung und Entwicklung in den Unternehmen? Ashish Arora, Ökonom an der Duke University in Durham, und seine Co-Autoren gehen dieser Frage in einer aktuellen Studie nach. Sie untersuchen, wie sich ein abgeschwächter Patentschutz auf die Forschungstätigkeit von Unternehmen auswirkt. Das Forscherteam hebt hervor, dass etwa 43 % der Investitionen in wissenschaftliche Forschung in den USA von Unternehmen aufgebracht werden. Denn durch ihre Forschungstätigkeit bringen Unternehmen Innovationen wie neue Produkte oder effizientere Produktionsverfahren hervor, von denen sie sich eine Steigerung der Erlöse, Kostensenkungen und damit höhere Gewinne versprechen.

Um die Auswirkungen eines abgeschwächten Patentschutzes auf die Forschung in Unternehmen zu quantifizieren, nutzen die Autoren Daten über Patente und wissenschaftliche Veröffentlichungen US-Amerikanischer Unternehmen aus den Jahren 1990 bis 2015. Zu jedem Patent gehört mindestens eine wissenschaftliche Publikation. Mithilfe von Textvergleichsalgorithmen ordnen die Forscher Patente und Publikationen entsprechend zu.

Die durchschnittliche Anzahl der internen Zitate, also der Zitate des Unternehmens zu seinem eigenen Patent oder der zugehörigen Publikation, dient Ashish Arora und seinen Co-Autoren als wichtigstes Mass für die auf das Patent folgende Forschungstätigkeit und Investitionsbereitschaft des Unternehmens. Dieses Mass ermitteln die Autoren einerseits für genehmigte Patente, die keine Abschwächung des Patentschutzes erfahren haben, und andererseits für genehmigte Patente, bei denen eine Lockerung des Patentschutzes beobachtet werden konnte. Die Forscher quantifizieren damit die Reaktion der untersuchten US-Unternehmen auf Veränderungen im Patentschutz. Wie letztere hingegen auf eine komplette Aussetzung ihrer Patente reagieren, wird folglich nicht direkt erfasst. Es kann aber davon ausgegangen werden, dass die im Folgenden genannten Ergebnisse im Falle einer vollständigen Aufhebung des Patentschutzes noch stärker ausgeprägt sein sollten.

Im Durchschnitt führt die Abschwächung des Patentschutzes dazu, dass die an das betroffene Patent anschliessende Forschungsaktivität um 19 % abnimmt.

Die empirische Evidenz zeigt, dass die Forschungsaktivität der untersuchten US-Unternehmen in Folge einer Abschwächung des Patentschutzes deutlich zurückgeht. Die Anzahl der internen Zitate ist bei den betroffenen Patenten im Vergleich zu Patenten mit unverändertem Schutz um durchschnittlich 19 % geringer. Besonders stark ausgeprägt ist dieser Rückgang bei Biotechnologieunternehmen. Eine Abschwächung des Patentschutzes verursacht bei Biotechnologieunternehmen ein beinahe dreieinhalb Mal so hohen Rückgang der Forschungsaktivität wie im Durchschnitt aller Industrien. Auch bei Unternehmen der Informationstechnologie geht die Forschungsaktivität stärker als im Durchschnitt aller Industrien zurück.

Die Beeinträchtigung des Patentschutzes führt bei Biotechnologieunternehmen zu einer um 65 % niedrigeren Forschungsaktivität. Die Forschungsaktivität der Informationstechnologieunternehmen geht um 21 % zurück.

Die Autoren untersuchen ebenfalls, ob der Rückgang der Forschungsaktivität je nach Unternehmensgrösse stärker oder weniger stark ausgeprägt ist. Hier zeigt sich, dass kleinere im Vergleich zu grösseren Unternehmen im dritten Jahr nach der Aufweichung des Patentschutzes signifikant mit einem stärkeren Rückgang der Forschungsaktivität reagieren (siehe Abb. 1). Innovative Start-ups und KMU verfügen oft nicht über ausreichende Produktionskapazitäten, um ihre Erfindungen selbst in grossem Stil zu kommerzialisieren. Sie sind besonders von einem effektiven Patentschutz abhängig. So können sie ihre Patente zu einem besseren Preis verkaufen oder erhalten mehr Zeit, ihre eigene Produktion aufzubauen.

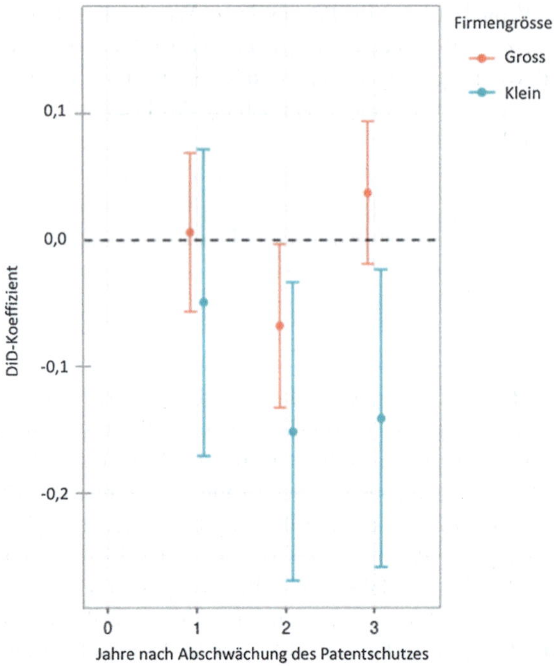

Abb. 1 Veränderung der Forschungstätigkeit nach Unternehmensgrösse und Jahr nachdem der Patentschutz gelockert worden ist. (Quelle: Arora u. a. (2021), S.37)

Doch nicht nur die Unternehmensbranche und -grösse hat einen Einfluss darauf, wie stark eine Firma auf Änderungen im Patentschutz reagiert, sondern auch das generelle Marktumfeld. Die Betriebsgrösse spiegelt die Fähigkeit des individuellen Unternehmens wider, Erfindungen kommerzialisieren zu können. Unternehmen haben jedoch auch die Möglichkeit Patente zu lizenzieren oder zu verkaufen. Durch Lizenzierung oder Verkauf an ein grösseres Unternehmen können sie Erlöse aus ihrer Forschung erzielen, indem sie von den Produktionskapazitäten des grösseren Unternehmens profitieren. Folglich sind die Möglichkeiten der Kommerzialisierung einer Erfindung nicht nur durch die eigenen Ressourcen bestimmt. Wenn Start-ups und KMU in einem Marktumfeld agieren, in dem es relativ einfach ist, Patente zu lizenzieren oder zu verkaufen, dann können sie ihre Forschung ebenfalls rasch kommerzialisieren, obwohl sie möglicherweise gar keine eigenen Ressourcen dafür haben. Wenn Start-ups und KMU jedoch in einem Marktumfeld agieren, in dem die Lizenzierung oder der Verkauf von Patenten erschwert bzw. nahezu unmöglich ist, dann ist ein unveränderter Patentschutz umso wichtiger.

Der Patentschutz ist gerade bei den Unternehmen von grosser Bedeutung, die (noch) nicht in der Lage sind, ihre Erfindung selbst kommerzialisieren zu können. Die empirische Evidenz bestätigt dies. Bei kleinen Unternehmen, die in einem unvorteilhaften Marktumfeld bzgl. der Lizenzierung oder dem Verkauf ihrer Patente agieren, geht die Forschungsaktivität in Folge einer Abschwächung des Patentschutzes am stärksten zurück. Bei grösseren Unternehmen, die in demselben Marktumfeld agieren, geht die Forschungsaktivität im Vergleich deutlich weniger stark zurück. Dies liegt vor allem daran, dass grössere Unternehmen in der Regel über die Ressourcen verfügen, ihre Erfindung selbst produzieren zu können.

Bei kleineren Unternehmen, bei denen der Markt zur Lizenzierung oder zum Verkauf der Patente unterentwickelt ist, geht die Forschungsaktivität in Folge einer Abschwächung des Patentschutzes um 78 % zurück. Bei grösseren Unternehmen in demselben Umfeld sind es lediglich 40 %.

Die empirischen Ergebnisse deuten also darauf hin, dass eine Aufhebung des Patentschutzes bei den Covid-19-Impfstoffen die Forschungsanreize vor allem bei Biotechnologieunternehmen stark beeinträchtigt und damit deren zukünftige Innovationstätigkeit reduziert. Start-ups und KMU, die in einem unvorteilhaften Marktumfeld bzgl. Lizensierung oder Verkauf ihrer Patente agieren, sind im Vergleich zu grösseren Unternehmen besonders negativ betroffen. Abgeschwächte Forschungsanreize könnten vor allem langfristig kontraproduktiv sein. So könnte die neue mRNA-Technologie in Zukunft zum Beispiel auch eine besondere Rolle bei der Bekämpfung von Krebs einnehmen.

Open Access Dieses Kapitel wird unter der Creative Commons Namensnennung 4.0 International Lizenz (http://creativecommons.org/licenses/by/4.0/deed.de) veröffentlicht, welche die Nutzung, Vervielfältigung, Bearbeitung, Verbreitung und Wiedergabe in jeglichem Medium und Format erlaubt, sofern Sie den/die ursprünglichen Autor(en) und die Quelle ordnungsgemäß nennen, einen Link zur Creative Commons Lizenz beifügen und angeben, ob Änderungen vorgenommen wurden.

Die in diesem Kapitel enthaltenen Bilder und sonstiges Drittmaterial unterliegen ebenfalls der genannten Creative Commons Lizenz, sofern sich aus der Abbildungslegende nichts anderes ergibt. Sofern das betreffende Material nicht unter der genannten Creative Commons Lizenz steht und die betreffende Handlung nicht nach gesetzlichen Vorschriften erlaubt ist, ist für die oben aufgeführten Weiterverwendungen des Materials die Einwilligung des jeweiligen Rechteinhabers einzuholen.

Sind Patente tatsächlich ein Hindernis für Folgeinnovationen?

Lia Sonvilla

Relevanz

Dass der Patentschutz die weitere Nutzung von Forschungserkenntnissen erschwert und neue Innovationen verlangsamt, ist eine verbreitete Hypothese. Die vorliegende Studie aus dem Bereich der Genforschung untersucht, wie oft wissenschaftliche Erkenntnisse über bestimmte Gene in weiteren Forschungsarbeiten und klinischen Studien Verwendung finden. Der tatsächliche Patentstatus einer DNA-Sequenz spielt dabei nur eine geringe Rolle. Wichtig ist stattdessen, ob überhaupt ein Patentantrag gestellt wurde, nicht aber, ob diesem auch stattgegeben wurde. Diese Ergebnisse stellen die Hypothese infrage. Denn sie legen nahe, dass der Patentschutz Folgeinnovationen zumindest im medizinisch-pharmazeutischen Bereich kaum hemmt.

Quelle

Sampat, B., & Williams, H. L. (2019). How do patents affect follow-on innovation? Evidence from the human genome. *American Economic Review, 109*(1), 203–236.

Wissen gilt seit jeher als öffentliches Gut. Einerseits hat neues Wissen die Eigenschaft, dass es nicht in herkömmlichem Sinne verbraucht werden kann. Andererseits kann man grundsätzlich niemanden von Wissen ausschliessen. Das bedeutet, dass sich neue Ideen ohne Einschränkung (wie z. B. durch das Bezahlen

L. Sonvilla (✉)
Universität St. Gallen, St. Gallen, Schweiz
E-Mail: lia.sonvilla@student.unisg.ch

© Der/die Autor(en) 2024

C. Keuschnigg (Hrsg.), *Im Brennpunkt der Wirtschaftspolitik*,
https://doi.org/10.1007/978-3-658-44415-0_5

eines Preises) verbreiten können. Das Recht auf geistiges Eigentum zielt darauf ab, diese zweite Eigenschaft von Wissen zu unterbinden. Patente sind dabei eine Möglichkeit, Innovationen und Produktentwicklungen aktiv zu fördern. Sobald Dritte patentierte Entdeckungen nutzen möchten, erhalten die Erfinderinnen und Erfinder eine Entlohnung. So werden sie für vergangene Ausgaben entschädigt und können in weitere Entwicklungen investieren.

Neben diesen zweifelsfrei positiven Aspekten von Patentrechten gibt es auch negative Seiten. So besteht die Gefahr, dass Patente nachfolgende Forschung und Innovation verlangsamen oder gar blockieren können. Denn Unternehmen, die geschützte Ideen oder Daten verarbeiten, müssen einen Preis dafür bezahlen, solange der Patentschutz besteht. Die Entscheidungsträgerinnen und Entscheidungsträger sind daher gefragt, eine Balance zu schaffen. Ziel ist es, eine angemessene Entlohnung der Forschungstätigkeit festzulegen, ohne Folgeentwicklungen zu hemmen. Dafür ist es wichtig, zu wissen, wie Patente die nachfolgende Forschung und Innovation beeinflussen. Ein allfälliger negativer Einfluss würde in der Entscheidung für die optimale Strategie eine wichtige Rolle spielen.

Bisher hielten viele Innovationsökonominnen und -ökonomen an der Hypothese fest, dass Patente negative Auswirkungen auf anschliessendes Wissen und Produktneuheiten hätten. Allerdings wurde in der Forschung oftmals ignoriert, dass es sich bei Innovationen um kumulative – also um aufeinander aufbauende – Errungenschaften handelt: Jede Entdeckung führt zu weiteren neuen Entdeckungen. Man spricht von sogenannten Übertragungseffekten. Ändern sich die Schlussfolgerungen über den Einfluss von Patenten auf Innovation, wenn man solche Übertragungseffekte berücksichtigt?

Zu diesem Zweck stellten der Gesundheitsökonom Bhaven Sampat von der Columbia University und die auf technologischen Wandel spezialisierte Volkswirtin Heidi L. Williams vom Massachusetts Institute of Technology eine Untersuchung darüber an, wie Patente in der Genforschung Folgestudien und Produktentwicklungen beeinflussen. Die zentrale Leistung ihrer Studie besteht in der Verwendung neuer Daten zu rund 1500 Patentanträgen für Gene, welche zwischen 2000 und 2005 im US-amerikanischen Patentamt eingingen. Dabei beobachteten sie die Patententscheidungen bis ins Jahr 2010.

Grundsätzlich muss in den Patentanträgen die jeweilige DNA-Sequenz vollständig aufgezeichnet werden. Dies erleichtert eine spätere Nachverfolgung der einzigartigen Sequenzen massgeblich. Die Forscher können so feststellen, welche Genome erfolgreich patentiert und welche Anträge abgelehnt worden sind. Darüber hinaus können sie nachvollziehen, welche DNA-Sequenzen in späteren klinischen Studien oder Diagnosetests Anwendung finden.

Bloss einem Drittel der Patentanträge auf Gensequenzen wurde das Recht auf geistiges Eigentum zugesprochen. Betrachtet man im Vergleich dazu sämtliche Patentanträge, waren rund 60 % erfolgreich.

Die deskriptive Evidenz zeigt zunächst, dass Gene grundsätzlich weit seltener patentiert werden als Erkenntnisse in anderen Kategorien. Bloss einem Drittel der Patentanträge auf genetische Information wurde im Zeitraum 2000 bis 2005 das Recht auf geistiges Eigentum zugesprochen. Betrachtet man im Vergleich dazu sämtliche Anträge aus allen Fachgebieten desselben Zeitraums, waren rund 60 % der Anträge erfolgreich. Ein Grund könnte darin liegen, dass die Behörde vermeiden möchte, durch häufige Patentierung weitere Fortschritte in Medizin und Pharmazie zu bremsen.

Abb. 1 stellt die Anzahl wissenschaftlicher Veröffentlichungen und klinischer Versuche dar, welche menschliche Gene verwenden. Die Autoren unterscheiden dabei zwischen DNA-Sequenzen, welche (i) patentiert wurden, (ii) für welche ein Patentantrag gestellt aber kein Patent gewährt wurde und (iii) für welche kein Patent beantragt wurde. Die Abbildung macht deutlich, dass in Patentanträgen beanspruchte Gene durchgehend häufiger in praktischen Anwendungen vorkamen als jene, für die es keinen solchen Antrag gab – mit steigender Divergenz. Zwischen 1990 und 2000 verdoppelte sich jährlich die Zahl der wissenschaftlichen Beiträge pro Gen. Bei Genen, die patentiert wurden oder für welche ein Antrag gestellt wurde, fiel diese Zunahme viel stärker aus. So kam es beispielsweise im Jahr

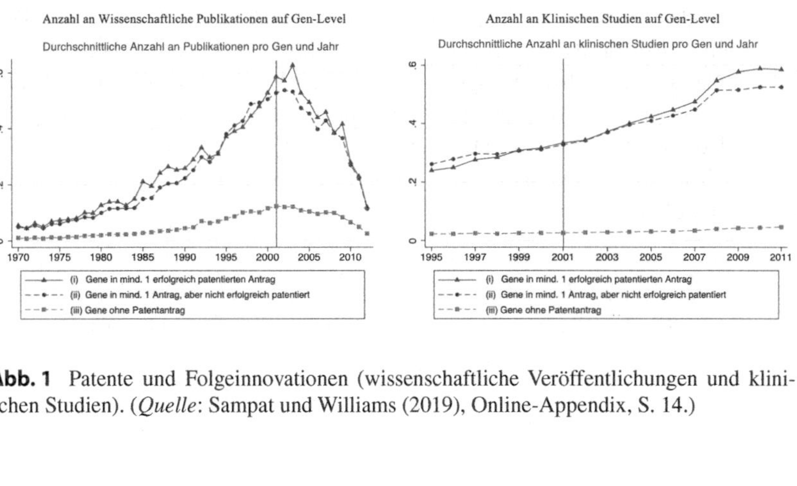

Abb. 1 Patente und Folgeinnovationen (wissenschaftliche Veröffentlichungen und klinischen Studien). (*Quelle*: Sampat und Williams (2019), Online-Appendix, S. 14.)

2000 zu durchschnittlich sechs Publikationen auf zehn Gene. Bei den restlichen Genen, welche nicht in Anträgen vorkamen, war der absolute Zuwachs weniger stark. Im Jahr 2000 fanden die Forscher nur rund eine wissenschaftliche Publikation auf zehn Gene. Die Autoren erklären den Unterschied dadurch, dass Forscherinnen und Forscher hauptsächlich jene Gensequenzen patentieren möchten, die sie als wissenschaftlich und kommerziell wertvoll erachten und die mit hoher Wahrscheinlichkeit weitere Anwendungen finden.

Bei klinischen Studien ist der divergierende Trend besonders gut ersichtlich. Denn beanspruchte Gene werden zunehmend häufiger in klinischen Untersuchungen verwendet. Gab es 1995 im Schnitt noch rund zwei klinische Tests auf zehn Gene, waren es 2010 bereits etwa sechs. Jene Gene, die nicht in Patentanträgen beansprucht wurden, waren für klinische Studien hingegen deutlich weniger relevant. Im selben Zeitraum gab es durchgehend weniger als eine klinische Studie pro Jahr.

Die Anzahl klinischer Tests pro zehn beanspruchte Gene nahm von durchschnittlich zwei im Jahr 1995 auf sechs im Jahr 2010 zu. Hingegen blieb nur eines von zehn nicht-beanspruchten Genen Teil einer Studie.

Gene, welche Wissenschaftlerinnen und Wissenschaftler patentieren möchten, spielen in der weiteren Forschung eine überproportional grosse Rolle. Im Gegensatz dazu, erkennen die Autoren kaum einen Unterschied zwischen Genen, die im Patentverfahren abgelehnt worden sind, und jenen, die erfolgreich geschützt werden konnten. Sowohl geschützte als auch ungeschützte Gensequenzen werden in nachfolgenden Studien und diagnostischen Tests gleichermassen verwendet. Die quantitativen Ergebnisse bestätigen dies: Die Wahrscheinlichkeit, dass ein Patent auf ein Gen die zukünftige Forschungsaktivität im Vergleich zu einem nicht-patentierten Gen bedeutsam – das heisst, um mehr als zwei Prozent – verringert, beträgt lediglich fünf Prozent. Der reale Effekt ist jedoch gering, weil es durchschnittlich weniger als sechs wissenschaftliche und kommerzielle Anwendungen pro Gen und Jahr gibt.

Die Wahrscheinlichkeit, dass die Patentierung zukünftige Forschung und klinische Untersuchungen bedeutsam verringert, liegt bei rund fünf Prozent.

Die eigentliche Patentierung von Genen hat folglich nur einen schwachen Effekt auf nachfolgende Innovationen. Bhaven Sampat und Heidi Williams erklären dies zum Teil dadurch, dass der untersuchte medizinische und pharmazeutische Bereich über ein effizientes System unternehmensübergreifender Lizenzierungen verfügt. Im Fall der Genforschung ist die patentantragstellende Einrichtung eher selten auch an Folgeinnovationen beteiligt. Deshalb schliesst sie häufig bereits vorab Lizenzverträge ab. Diese ermöglichen die weitere Nutzung von Forschungsergebnissen und erleichtern in der Regel darauf aufbauende Folgeinnovationen.

Ein weiterer Erklärungsgrund liegt in der verpflichtenden Offenlegung der Gensequenzen in den Patentanträgen. Seit Ende 2000 müssen alle DNA-Sequenzen, die mittels Patentantrags eingereicht werden, für die weitere Forschung zugänglich gemacht werden. Ein eingeschränkter Zugang zu wissenschaftlichen Daten hingegen könnte anschliessende Innovationen in dem Gebiet schwächen. Bereits in der Vergangenheit konnten Wissenschaftlerinnen und Wissenschaftler zeigen, dass alternative Formen, welche eine solche Datenoffenlegung nicht zwingend verlangen, durchaus einen negativen Effekt auf anschliessende Innovationen und Produktentwicklungen haben.

Die Ergebnisse machen also deutlich, dass eine Patentierung die weiteren Entwicklungen in der Pharmaindustrie und den wissenschaftlichen Fortschritt in dem Gebiet der Genforschung kaum erschwert werden. Für die optimale Patentpolitik ist es daher hinreichend, einen optimalen Patentpreis festzusetzen. Ein Rückgang der Folgeinnovationen durch Patente sollte jedoch nicht ausschlaggebend in der Entscheidung über die optimale Patentstrategie sein.

Open Access Dieses Kapitel wird unter der Creative Commons Namensnennung 4.0 International Lizenz (http://creativecommons.org/licenses/by/4.0/deed.de) veröffentlicht, welche die Nutzung, Vervielfältigung, Bearbeitung, Verbreitung und Wiedergabe in jeglichem Medium und Format erlaubt, sofern Sie den/die ursprünglichen Autor(en) und die Quelle ordnungsgemäß nennen, einen Link zur Creative Commons Lizenz beifügen und angeben, ob Änderungen vorgenommen wurden.

Die in diesem Kapitel enthaltenen Bilder und sonstiges Drittmaterial unterliegen ebenfalls der genannten Creative Commons Lizenz, sofern sich aus der Abbildungslegende nichts anderes ergibt. Sofern das betreffende Material nicht unter der genannten Creative Commons Lizenz steht und die betreffende Handlung nicht nach gesetzlichen Vorschriften erlaubt ist, ist für die oben aufgeführten Weiterverwendungen des Materials die Einwilligung des jeweiligen Rechteinhabers einzuholen.

Klimawandel

Weniger Emissionen Dank Innovationen

Michael Altorfer

Relevanz
Die Bekämpfung des Klimawandels zwingt zu einschneidenden Massnahmen. Hohe CO_2 *Preise sind unvermeidlich. Aber neue Kosten lähmen die Wettbewerbsfähigkeit und bremsen das Wachstum. Ist Innovation die Lösung? Mit Prozessinnovationen können die Unternehmen die Produktion emissionssparend verbessern, den Kostenanstieg durch* CO_2*-Steuern wenigstens teilweise kompensieren, und ihre preisliche Wettbewerbsfähigkeit wieder steigern. Wenn die Emissionen sinken, ohne die Kosten zu steigern, wäre das Ziel einer wachstumsfreundlichen Klimapolitik erreicht. Entscheidend ist, wie stark die privaten F&E-Investitionen zunehmen, wenn die Umweltsteuern steigen.*

Quelle
Brown, J. R., Martinsson, C., & Thomann, C. (2022). Can environmental policy encourage technical change? Emissions taxes and R&D investment in polluting firms. *Review of Financial Studies, 35,* 4518–4560.

Ist Innovation die Lösung für das Klimaproblem? Es braucht mehr systematische Evidenz, wie stark umweltpolitische Massnahmen die Unternehmen zu emissionssenkenden Investitionen motivieren können. Einen Beitrag dazu leistet eine

M. Altorfer (✉)
Universität St. Gallen, St. Gallen, Schweiz
E-Mail: michael.altorfer@gmail.com

M. Altorfer
Stockholm School of Economics, Stockholm, Schweden

© Der/die Autor(en) 2024

C. Keuschnigg (Hrsg.), *Im Brennpunkt der Wirtschaftspolitik,*
https://doi.org/10.1007/978-3-658-44415-0_6

neue Untersuchung von Brown, Martinsson und Thomann. Sie zeigen, dass insbesondere Unternehmen in stark umweltbelastenden Branchen auf eine Erhöhung der Umweltsteuer reagieren und ihre Investitionen in F&E wesentlich erhöhen. Demnach geht eine Erhöhung der Umweltsteuern um eine Standardabweichung (das sind zwei Stufen auf einer sechsteiligen Skala) mit einem Anstieg der F&E-Ausgaben um etwa 11 % der durchschnittlichen F&E-Ausgaben einher. Die höheren F&E-Ausgaben führen jedoch kaum zu einer Steigerung der Patentanmeldungen für ganz neue Produkte und Dienstleistungen. Die F&E-Investitionen lösen vorwiegend Prozessinnovationen aus, mit denen die Unternehmen den Produktionsprozess emissionssparend anpassen und aus den bestehenden Alternativen emissionsärmere Technologien auswählen und implementieren. In manchen Branchen verbreitet sich neues Wissen schneller und leichter als in anderen. Die Forscher zeigen, dass vor allem die F&E von Unternehmen in Branchen mit hohem Wissenstransfer, wo der Zugang zu existierendem Knowhow einfach und günstig ist, stark auf steigende Umweltsteuern reagiert.

Stark umweltbelastende Unternehmen in Branchen mit hohem Wissenstransfer und günstigem Wissenserwerb reagieren besonders stark auf eine Erhöhung der Umweltsteuern.

Die Autoren stützen sich auf mehrere Datenquellen. Erstens nutzen sie die Datenbanken Compustat Global und Nordamerika für die konsolidierten Jahresrechnungen der Unternehmen. Sie beschränken die Daten auf nicht U.S. Unternehmen, die zwischen 1990 und 2012 regelmässig ihre F&E-Ausgaben veröffentlicht haben. Zweitens verwenden Sie Daten zu Emissionssteuern von 18 OECD-Ländern. Konkret verwenden sie die Steuern, die auf den Ausstoss von Sulfuroxiden (SO_x) erhoben werden. Diese werden von der OECD auf einer Skala von null (keine Steuer) bis sechs (hohe Steuer) gemessen, um die internationale Vergleichbarkeit zu gewährleisten. Die Belastung mit SO_x-Steuern ist in Tendenz steigend. Drittens nutzen die Autoren die Datenbank PATSTAT des Europäischen Patentamts. Sie enthält Information zu den weltweiten Patentierungsaktivitäten. Nach der Bereinigung und Zusammenführung der drei Datensätze entsteht eine Stichprobe bestehend aus circa 33'500 Firmen aus 18 Ländern über einen Zeitraum von 1990 bis 2012.

Aus mehreren Gründen verwenden die Autoren SO_x-Emissionssteuern für ihre Untersuchung. Erstens sind Sulfuroxide wesentliche Luftschadstoffe. Zweitens variieren die SO_x-Steuern je nach Land und Jahr recht stark. Solche Unterschiede sind für die Verlässlichkeit der ökonometrischen Ergebnisse wichtig. Diese Steuern sind z. B. in Japan über die gesamte Zeitspanne von 1990 bis 2012 konstant hoch, während sie in Dänemark sehr stark und in Kanada schwach steigen. Drittens existieren bereits gute Daten zum Ausstoss mit SO_x-Schadstoffen in allen Industriezweigen und müssen nicht erst aufwendig erhoben werden. Nach der Datenbereinigung bleiben 107 Branchen übrig. Die Zementindustrie ist mit 140 Pfund SO_x-Emissionen je Produktionseinheit mit Abstand die schmutzigste Industrie in der Stichprobe. Im Durchschnitt stossen die 107 Branchen neun Pfund SO_x-Emissionen je Produktionseinheit aus. Die Emissionsintensitäten verschiedener Industrien unterscheiden sich signifikant.

Die Zementindustrie ist mit 140 Pfund SO_x-Emissionen je Produktionseinheit mit Abstand die schmutzigste Industrie.

Die Wissenschaftler schätzen in einem ersten Schritt, wie die F&E-Ausgaben auf Emissionssteuern reagieren. Um die Wirkungen der Besteuerung von anderen Einflussgrössen zu isolieren, berücksichtigen sie weitere Kontrollvariablen wie z. B. firmenspezifische Finanzkennzahlen. Im Durchschnitt führt eine Erhöhung der Emissionssteuer um eine Standardabweichung, das sind zwei Stufen auf der Skala von 0 bis 6, zu einem Anstieg der F&E-Ausgaben um etwa 11 %. Da die Unternehmen vor der Steuererhöhung ihre F&E-Ausgaben kaum verändern, sondern erst in der Periode nach der Erhöhung stark steigern, kann man ziemlich sicher von einem kausalen Effekt ausgehen. Die Unternehmen reagieren mit höheren F&E-Investitionen auf den Anstieg der Emissionssteuern und nicht umgekehrt.

In einem zweiten Schritt nutzen Brown, Martinsson und Thomann die unterschiedliche Emissionsintensität verschiedener Branchen aus. So können sie zeigen, ob Unternehmen in emissionsintensiven Industrien stärker auf eine Anhebung von SO_x-Steuern reagieren als ihre Pendants in emissionsarmen Branchen. Demnach reagieren Unternehmen in Branchen mit tiefen Emissionen nur unwesentlich auf eine Steuererhöhung. Dagegen steigern Unternehmen mit einem überdurchschnittlich hohen Schadstoffausstoss ihre F&E-Ausgaben um 14–18 % der durchschnittlichen F&E-Ausgaben. Man könnte einwenden, dass diese Effekte nicht nur den Einfluss der Steuern, sondern auch anderer Faktoren widerspiegeln. Um eine solche Verzerrung durch ausgelassene Variablen auszuschliessen, berücksichtigen die Forscher weitere Kontrollvariable, die ebenfalls einen Einfluss auf Emissionen ausüben dürften. Dazu zählen die wirtschaftliche Entwicklung eines Landes gemessen am BIP pro Kopf, die staatlichen Ausgaben für umweltspezifische Innovationen, und schliesslich die Kosten für F&E. Alle drei

Faktoren haben einzeln und kombiniert keinen nennenswerten Einfluss auf den geschätzten Koeffizienten der Steuerbelastung.

Unternehmen mit tiefen Emissionen reagieren nur unwesentlich auf eine Steuererhöhung. Dagegen steigern Unternehmen mit einem überdurchschnittlich hohen Schadstoffausstoss ihre F&E-Ausgaben um 14–18 %.

Innovation kann in verschiedene Richtungen gehen. Die F&E-Investitionen der Unternehmen können auf die Entwicklung neuer Produkte und Technologien abzielen. Produktinnovationen können besonders gut mit Patentdaten erfasst werden. Dagegen sollen Prozessinnovationen den Produktionsablauf verbessern, im vorliegenden Fall in einer emissionssparenden Art und Weise. Bei Prozessinnovationen erwerben die Unternehmen oft externes Wissen, um den letzten Stand des existierenden technischen Know-hows zu nutzen. Auch das ist eine wichtige Quelle für Produktivitätssteigerungen. Ein Grossteil der Innovationsforschung stützt sich auf Patentdaten, die vor allem die Entwicklung neuen Wissens und nicht die Anwendung existierenden Knowhows messen. Mit ihrer Studie leisten die Autoren einen wichtigen Beitrag zur bisher eher spärlichen Evidenz über die Wirksamkeit von Prozessinnovationen.

Um die unterschiedliche Bedeutung von Prozess- und Produktinnovationen auszuloten, beschränken die Wissenschaftler ihren Datensatz auf Unternehmen in Branchen mit unterdurchschnittlichen Patentbeständen. Solche Unternehmen bringen mit ihren F&E-Ausgaben wenig wirklich neue Innovationen hervor, die patentfähig wären. Dennoch können diese Investitionen zielgerichtet und produktiv sein, indem sie den Produktionsprozess optimieren, Emissionskosten sparen, und so den Unternehmenswert steigern. Die Autoren zeigen, dass die F&E-Ausgaben einen positiven Grenzertrag im Hinblick auf eine höhere Marktbewertung haben, auch wenn sie zu keinen neuen Patentanmeldungen führen. In einem Land mit einer durchschnittlichen SO_x-Steuer (Stufe 1) steigt die Marktbewertung von umweltbelastenden Unternehmen um 12,5 % und von umweltfreundlichen Unternehmen um 10,8 %, wenn sie ihre F&E-Ausgaben um eine Standardabweichung erhöhen. Wie Abb. 1 zeigt, reagiert die Marktbewertung bei umweltbelastenden Unternehmen 5 Prozentpunkte stärker, wenn die Emissionssteuer auf Stufe 1 statt auf Stufe 0 ist. In anderen Worten ist der Grenzertrag der F&E-Ausgaben für umweltbelastende Unternehmen höher, wenn die Emissionssteuern höher sind, während der Grenzertrag für umweltfreundliche Unternehmen unverändert bleibt.

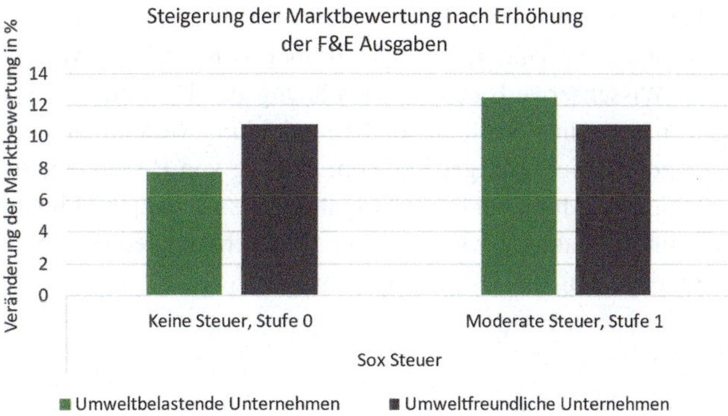

Abb. 1 Reaktion der Marktbewertung auf eine Erhöhung der F&E-Ausgaben um eine Standardabweichung in %. (Quelle: Eigene Darstellung basierend auf Brown, Martinsson und Thomann (2022))

Man kann davon ausgehen, dass Unternehmen eher in Prozessinnovationen investieren, wenn externes Wissen einfacher zu erwerben ist. Tatsächlich gibt es wesentliche branchenübergreifende Unterschiede in der Verfügbarkeit und Zugänglichkeit von externem Wissen und Knowhow. Die Forscher nutzen einen Index, der getrennt nach Branchen die Verfügbarkeit von externem Wissen misst. Der Index wird auf einer Skala zwischen 0 (hohe Verfügbarkeit) und 100 % (tiefe Verfügbarkeit) gemessen. Beispielsweise hat die Zementindustrie eine hohe Verfügbarkeit mit einem Wert von 45,5 %, während Chemikalien einen Wert von 70,7 % aufweisen und daher stark geschützt sind. Mithilfe dieses Index können sie zeigen, dass eine Steuererhöhung nur dann einen positiven Einfluss auf die F&E-Ausgaben hat, wenn sich das Unternehmen in einer Branche mit hoher Verfügbarkeit von externem Knowhow befindet. In Branchen mit wenig Wissenstransfer ist keine Reaktion feststellbar. Angesichts dessen schliesst man, dass bei den Auswirkungen von höheren SO_x-Steuern auf private F&E die Prozessinnovationen dominieren. Die Forscher finden daher in ihren Daten, dass Umweltsteuern nur in einer engen Untergruppe von Unternehmen die Patentanmeldungen für neue Technologien zur Verringerung der Umweltverschmutzung steigern können. Das sind die Unternehmen mit hohem Emissionsausstoss, die bereits in der Vergangenheit neue Technologien entwickelt haben und über entsprechende Erfahrung verfügen.

Die Arbeit von Brown, Martinsson und Thomann liefert wichtige Erkenntnisse darüber, wie Unternehmen auf eine Anhebung von Umweltsteuern reagieren und welche Faktoren dabei eine Rolle spielen. Die Ergebnisse zeigen, dass vor allem emissionsintensive Unternehmen in Branchen mit hohem Wissenstransfer und günstigem Wissenserwerb auf eine Erhöhung der Umweltsteuern reagieren und ihre Investitionen in Forschung und Entwicklung wesentlich steigern. Die Auswirkungen zeigen sich weniger in einem Anstieg von Patentanmeldungen für neue Technologien. Die höheren F&E-Ausgaben fliessen hauptsächlich in die Implementierung und Anpassung von existierenden Technologien und in die emissionssparende Optimierung der Produktionsprozesse.

Open Access Dieses Kapitel wird unter der Creative Commons Namensnennung 4.0 International Lizenz (http://creativecommons.org/licenses/by/4.0/deed.de) veröffentlicht, welche die Nutzung, Vervielfältigung, Bearbeitung, Verbreitung und Wiedergabe in jeglichem Medium und Format erlaubt, sofern Sie den/die ursprünglichen Autor(en) und die Quelle ordnungsgemäß nennen, einen Link zur Creative Commons Lizenz beifügen und angeben, ob Änderungen vorgenommen wurden.

Die in diesem Kapitel enthaltenen Bilder und sonstiges Drittmaterial unterliegen ebenfalls der genannten Creative Commons Lizenz, sofern sich aus der Abbildungslegende nichts anderes ergibt. Sofern das betreffende Material nicht unter der genannten Creative Commons Lizenz steht und die betreffende Handlung nicht nach gesetzlichen Vorschriften erlaubt ist, ist für die oben aufgeführten Weiterverwendungen des Materials die Einwilligung des jeweiligen Rechteinhabers einzuholen.

Mit Innovation den Klimawandel meistern

Cara Stromeyer

Relevanz
Der Klimawandel hält Politik und Wirtschaft auf Trab. Kann mehr Innovation die Lösung sein? Innovation soll die Emissionen stark reduzieren und das Wachstum in eine Umwelt schonende Richtung lenken. Aber es ist schwer, die Richtung der Innovation zu ändern und das gesammelte Know-how der Vergangenheit in grossen Teilen abzuschreiben. Um diese Trägheit zu überwinden und einen nachhaltigen Paradigmenwechsel einzuleiten, braucht es anfänglich kräftige Massnahmen: nicht nur hohe CO_2 Steuern und Preise für den Emissionshandel, sondern auch starke Investitionen in die Grundlagenforschung und in private F&E-Förderung grüner Technologien.

Quelle
Aghion, P., Dechezleprêtre, A., Hémous, D., Martin, R., & Van Reenen, J. (2016). Carbon taxes, path dependency and directed technical change: evidence from the auto industry. *Journal of Political Economy,124*(1), 1–51.

Treibhausgasemissionen, insbesondere CO_2 Emissionen, sind für die globale Erwärmung verantwortlich. Wollen wir die Erderwärmung reduzieren, müssen wir unseren CO_2-Ausstoss stark beschränken. Wie soll das geschehen? Die Politik muss eine tragende Rolle spielen, da sind sich alle einig. Doch welche wirt-

C. Stromeyer (✉)
Universität St. Gallen, St. Gallen, Schweiz
E-Mail: cara.stromeyer@unisg.ch

© Der/die Autor(en) 2024

C. Keuschnigg (Hrsg.), *Im Brennpunkt der Wirtschaftspolitik*,
https://doi.org/10.1007/978-3-658-44415-0_7

schaftspolitischen Massnahmen besonders effektiv sind, ist deutlich weniger trivial.

Nach Ansicht führender Ökonomen sollte die Politik mehr auf Innovation setzen. Mit neuen Technologien werden Lösungen möglich, die Emissionen stark zu reduzieren, ohne den Wohlstand zu sehr einzuschränken. Ein gutes Beispiel bietet die Automobil-Industrie, die 2009 für 16,5 % der globalen CO_2 Emissionen verantwortlich war. Mit Innovation kann es gelingen, Diesel- und Benzinmotoren durch emissionsarme Technologien zu ersetzen.

Kann die Politik diese Entwicklung beschleunigen? Mit dieser Frage beschäftigen sich die Ökonomen Philippe Aghion, David Hémous, Ralf Martin und John Van Reenen der Universitäten Harvard, LSE und INSEAD. In ihrer Studie untersuchen sie, welche Faktoren ein Unternehmen dazu bringen, die Weiterentwicklung «schmutziger» Technologien zu reduzieren, und stattdessen in «grüne» Innovationen zu investieren. Hierzu nutzen sie Patentdaten der Automobil-Industrie. Sie werten die hochwertigen «triadischen» Patente aus, die gleichzeitig bei den drei grössten Patent-Behörden angemeldet werden und in der EU, den USA und in Japan geschützt sind. Die Forscher können jedem Patent den Patent-Besitzer und die Region der Patent-Entwicklung zuordnen. Sie unterscheiden zwischen «schmutzigen» und «grünen» Innovationen. «Schmutzige» Innovationen sind Patente für Verbrennungsmotoren. «Grüne» Innovationen betreffen Elektro-, Hybrid- oder Wasserstoffmotoren. Insgesamt deckt der Datensatz 6419 grüne Patente, 18 652 schmutzige Patente und 3432 Patentbesitzer über den Zeitraum von 1978 bis 2005 ab.

Abb. 1 zeigt die jährlichen Anmeldungen von grünen und schmutzigen Patenten. Die Anzahl der angemeldeten Patente steigt seit den 80er Jahren markant an. Vor allem nimmt der Anteil grüner Patente überdurchschnittlich stark zu. In den 80er Jahren betrug der Anteil grüner Patente, die jährlich eingereicht wurden, nur 10 % der schmutzigen Patente. Im Jahr 2005 dagegen waren es schon 60 %. Woran liegt das?

Ein Grund für den steigenden Anteil grüner Patente sind die Kraftstoffpreise, die seit den 90er Jahren stark gestiegen sind. Mit steigenden Preisen werden kraftstoffsparende und damit emissionsarme Lösungen immer dringlicher. Grüne Innovationen werden profitabler. Die Autoren schätzen anhand ihrer Daten, dass 10 % höhere Kraftstoffpreise zu 10 % mehr grünen Patenten in der Automobilindustrie führen. Gleichzeitig sinken die schmutzigen Patente um 6 %. Eine Erhöhung der Kraftstoffpreise lenkt also den technologischen Wandel weg von schmutzigen und hin zu grünen Innovationen.

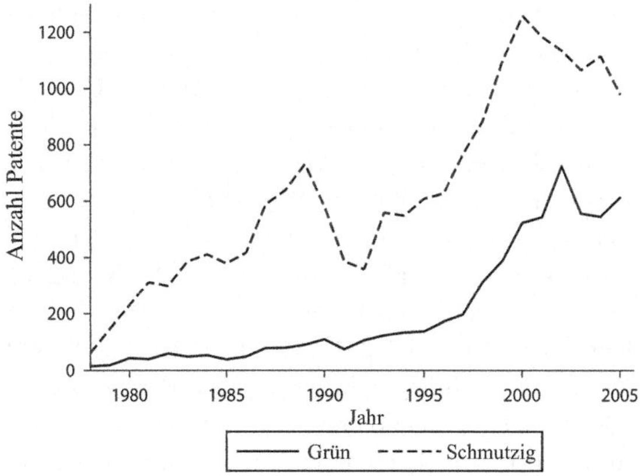

Abb. 1 Anzahl der weltweit jährlich angemeldeten grünen und schmutzigen Patente, (*Quelle:* Aghion u. a. (2016), Abb. 4)

Steigen die Kraftstoffpreise, investieren die Unternehmen mehr in «grüne» und weniger in «schmutzige» Innovation. 10 % höhere Preise führen zu 10 %t mehr «grünen» Patenten.

Reichen höhere Kraftstoffpreise aus, um die Richtung des technologischen Wandels zu ändern? Nicht wirklich. Die Unternehmen haben in der Vergangenheit viel spezifisches Knowhow aufgebaut. Daher ist es schwer, die Richtung der Innovation zu ändern. Die Wissenschaftler zeigen, dass Unternehmen, die in der Vergangenheit hauptsächlich schmutzige Patente angemeldet haben, mit einer um viermal höheren Wahrscheinlichkeit auch künftig schmutzige Patente auf den Markt bringen, anstatt in grüne Lösungen zu investieren. Das Gleiche gilt auch für grüne Innovation. Hat ein Unternehmen in der Vergangenheit schon viele grüne Patente entwickelt, dann wird es sehr wahrscheinlich diesen Innovationspfad auch in Zukunft fortsetzen.

Wenn eine Firma in der Vergangenheit grüne Technologien entwickelt hat, wird sie auch in Zukunft eher auf grüne Innovationen setzen. Das gleiche gilt für schmutzige Innovation.

Nicht nur die eigene Vergangenheit eines Unternehmens beeinflusst seine Innovationsentscheidungen. Die Autoren zeigen auch, dass es innerhalb einer Region zu Wissensübertragungen zwischen Unternehmen kommt. Um solche Wissensübertragungen nachzuweisen, bestimmen die Forscher für jedes Land, jedes Unternehmen und jedes Jahr ein grünes «Wissens-Kapital» als Mass für das angesammelte Knowhow. Das grüne Wissens-Kapital einer Firma setzt sich aus der Anzahl grüner Patente zusammen, die die Firma angemeldet hat. Ältere Patente werden weniger stark gewichtet als neuere Patente. Das Wissens-Kapital jedes Unternehmens wird dann den Ländern zugeordnet, in denen die «Erfinder» angestellt sind, die das Patent entwickelt haben. Damit können die Autoren zeigen, wie die Erfinder von ihren Kollegen in der eigenen Region beeinflusst werden. Wenn ein Erfinder in einem Land arbeitet, in dem viele grüne Patente entwickelt wurden, wird dieser Erfinder ebenfalls eher an grünen Innovationen forschen. Eine Firma, dessen Erfinder sich in einem Land mit einem 10 % höheren grünen Wissens-Kapital befinden, hat eine um 2,7 % höhere Chance, ein grünes Patent auf den Markt zu bringen.

Wenn in einem Land bereits viele grüne Patente entwickelt wurden, steigt die Wahrscheinlichkeit, dass lokale Firmen weitere grüne Patente entwickeln. Wenn das grüne Wissens-Kapital um 10 % steigt, nimmt die Wahrscheinlichkeit, dass eine Firma ein grünes Patent anmeldet, um 2,7 % zu.

Die Volkswirtschaften weisen also eine gewisse «Pfadabhängigkeit» auf. Wenn ein Land oder ein Unternehmen in der Vergangenheit viel schmutzige Innovation betrieben hat, ist es angesichts der gesammelten Erfahrungen wahrscheinlich, dass die Forschung weiterhin auf schmutzige Technologien fokussiert. Das macht es schwer, die technologische Entwicklung in eine grüne Richtung zu steuern. Solange das schmutzige Wissens-Kapital grösser ist als das grüne, fliessen eher mehr Ressourcen in die Entwicklung von schmutzigen Innovationen. Aber wenn in einem Land das grüne Wissens-Kapitel das schmutzige überholt, bekommt die Pfadabhängigkeit plötzlich eine positiv verstärkende, klimaschützende Wirkung. Dann fliessen in Zukunft immer mehr Ressourcen in Richtung grüne Innovationen, was die Entwicklung von grünen Technologien beschleunigt.

Das wirft für Aghion und seine Co-Autoren die Frage auf: Wie kann die Politik bewirken, dass der Bestand an grünem Knowhow das schmutzige Wissens-Kapital überholt? Die Forscher haben bereits gezeigt, dass höhere Kraftstoffpreise mehr grüne Innovationen in der Automobilbranche hervorrufen. Wie sehr müsste man die Kraftstoffpreise erhöhen, damit das grüne Wissens-Kapital das schmutzige einholt? Anhand einer Simulation zeigen die Forscher: Belässt man die Kraftstoffpreise konstant auf dem Niveau von 2005, dann werden grüne Innovationen mehrere Jahrzehnte brauchen, um das Niveau der schmutzigen Innovationen zu erreichen. Man bräuchte im Jahr 2005 eine Erhöhung der Kraftstoffpreise um 40 %, um die Entwicklung grüner Technologien stark zu beschleunigen und den Bestand an schmutzigem Knowhow schon im Jahr 2020 zu überholen. Erhöht man die Kraftstoffpreise nur um 20 %, überholt das grüne Wissens-Kapital das schmutzige erst im Jahr 2028.

Es bräuchte eine Erhöhung der Kraftstoffpreise um 40 % (relativ zu Preisen von 2005), um den Aufbau von grünem Knowhow zu beschleunigen und das schmutzige Wissens-Kapital innerhalb von 15 Jahren zu überholen. Erhöht man die Kraftstoffpreise nur um 20 %, dauert es 8 Jahre länger.

Am Beispiel der Automobil-Industrie konnten die Forscher zeigen, dass die technologische Entwicklung eine hohe Pfadabhängigkeit aufweist. Derzeit überwiegt noch der Bestand des Wissens und die Innovation in schmutzigen Technologien. Es besteht die Gefahr, dass sich die technologische Entwicklung wegen ihrer Pfadabhängigkeit festfährt. Die Innovation bleibt in schmutzigen Technologien verhaftet, weil es viel spezifisches Knowhow gibt, und der CO_2 Ausstoss bleibt hoch. Auch mit niedrigen CO_2 Steuern wird das noch lange so bleiben. Es bräuchte effektive und drastische Massnahmen, wie z. B. starke Subventionen für die Forschung und Entwicklung grüner Technologien und hohe CO_2 Steuern, um die Pfadabhängigkeit zu überwinden und die Richtung der Innovation zu ändern. Erst wenn es gelingt, die Bildung von grünem Knowhow zu beschleunigen und das schmutzige Wissens-Kapital zu überholen, wird die Erforschung und Entwicklung grüner Technologien zu einem sich selbst verstärkenden Prozess. Dann können auch die politischen Massnahmen wieder reduziert werden. Die Forscher argumentieren, dass die Politik zeitnah zu starken Massnahmen greifen sollte, um die Entwicklung grüner Technologien zu beschleunigen und die Innovation in eine neue, umweltschonende Richtung zu lenken.

Open Access Dieses Kapitel wird unter der Creative Commons Namensnennung 4.0 International Lizenz (http://creativecommons.org/licenses/by/4.0/deed.de) veröffentlicht, welche die Nutzung, Vervielfältigung, Bearbeitung, Verbreitung und Wiedergabe in jeglichem Medium und Format erlaubt, sofern Sie den/die ursprünglichen Autor(en) und die Quelle ordnungsgemäß nennen, einen Link zur Creative Commons Lizenz beifügen und angeben, ob Änderungen vorgenommen wurden.

Die in diesem Kapitel enthaltenen Bilder und sonstiges Drittmaterial unterliegen ebenfalls der genannten Creative Commons Lizenz, sofern sich aus der Abbildungslegende nichts anderes ergibt. Sofern das betreffende Material nicht unter der genannten Creative Commons Lizenz steht und die betreffende Handlung nicht nach gesetzlichen Vorschriften erlaubt ist, ist für die oben aufgeführten Weiterverwendungen des Materials die Einwilligung des jeweiligen Rechteinhabers einzuholen.

Innovation für die Energiewende

Michael Altorfer

> **Relevanz**
> *Um den Klimawandel zu stoppen, braucht es einen Ausstieg aus Kohle, Öl und Gas. Die Innovation muss sich auf erneuerbare Energie richten und die Weiterentwicklung fossiler Energieträger stoppen. Grosse Unternehmen haben jedoch in der Vergangenheit viel Erfahrung in fossiler Energie gesammelt. Es fällt ihnen schwer, dieses Know-how abzuschreiben und ihre Forschung radikal auf erneuerbare Energie umzustellen. Junge Unternehmen sind nicht in vergangenen F&E-Mustern verhaftet und können sich leichter auf erneuerbare Energie spezialisieren. Die Energiewende gelingt eher, wenn die Wirtschaftspolitik den Marktzutritt junger Unternehmen und ihre anschliessenden F&E-Investitionen erleichtert.*

Quelle

Noailly, J., & Smeets, R. (2015). Directing technical change from fossil fuel to renewable energy innovation: an application using firm-level patent data. *Journal of Environmental Economics and Management, 72,* 15–37.

Die Herausforderungen der Energiewende sind gewaltig. Derzeit stammen etwa 70 % der weltweit produzierten Elektrizität aus der Nutzung fossiler Energiequel-

M. Altorfer (✉)
Universität St. Gallen, St. Gallen, Schweiz
E-Mail: michael.altorfer@gmail.com

M. Altorfer
Stockholm School of Economics, Stockholm, Schweiz

© Der/die Autor(en) 2024

C. Keuschnigg (Hrsg.), *Im Brennpunkt der Wirtschaftspolitik,*
https://doi.org/10.1007/978-3-658-44415-0_8

len wie Kohle, Öl und Gas. China und Indien produzieren gar zwischen 70–95 % ihrer Elektrizität mit Kohlekraftwerken. Der Übergang hin zu erneuerbaren Energien ist mit einer Vielzahl an technischen und wirtschaftlichen Herausforderungen verbunden. So erfordert der Ausbau erneuerbarer Energie aus Sonne, Wind und Wasser erhebliche Investitionen in das Energienetz und in neue Methoden der Energiespeicherung, um die Nachfragespitzen mit dem schwankenden Energieangebot aus Sonne und Wind auszugleichen.

Etwa 70 % des weltweiten Energiebedarfs stammt derzeit aus Kohle, Öl und Gas. China und Indien produzieren zwischen 70–95 % ihrer Elektrizität mit Kohlekraftwerken.

Wie kann gezielte Innovation den Ausbau erneuerbarer Energien fördern und den Übergang von fossilen Brennstoffen hin zu Energie aus Sonne, Wind und Wasser beschleunigen? Derzeit richtet sich ein grosser Teil der F&E-Investitionen immer noch auf Fortschritte bei der Nutzung fossiler Energie. Innovationen in erneuerbare Energie müssen die Innovationen in herkömmliche, fossil gestützte Verwendungen überholen, um die Energiewende zu beschleunigen. Die Forscher Noailly und Smeets untersuchen für die Periode von 1978 bis 2006 das Innovationsverhalten von 5471 europäischen Unternehmen mit 23 864 genehmigten Patenten in erneuerbarer und fossiler Energie. Bei 85 % der Patente handelt es sich um fossil orientierte Innovationen.

Um den Einfluss der Innovation auf den Übergang von fossiler auf erneuerbarer Energie besser zu verstehen, unterscheiden die Forscher zwischen spezialisierten und gemischten Firmen. ‚Spezialisierte' Firmen fokussieren sich nur auf eine Technologieart, während ‚gemischte' Firmen sich gleichzeitig mit erneuerbaren und fossilen Technologien auseinandersetzen. Typischer Weise sind spezialisierte Unternehmen viel jünger und kleiner und sind eher in der Lage, ganz neue Technologien zu entwickeln und auf den Markt zu bringen. Gemischte Unternehmen sind dagegen schon länger im Markt und deutlich grösser. Sie können ihre Ressourcen und ihr Wissen aus verschiedenen Bereichen nutzen, um komplexe Technologien zu entwickeln und zu vermarkten. Nur 6 % der Firmen in der Stichprobe sind grosse Unternehmen mit einem gemischten F&E-Portfolio. Sie sind jedoch für 29 % der Patente in erneuerbare Energien und für 39 % der Patente in fossilen Anwendungen verantwortlich.

Die Treiber der Innovation sind Energiepreise, Marktgrösse und das technologische Wissen aus den vergangenen Erfahrungen. Je höher die Energiepreise, die

Marktgrösse und das aktuelle Know-how sind, desto eher investieren die Firmen in die Verbesserung der Energieerzeugung. In der Untersuchungsperiode haben die Patente in erneuerbare Energie zugenommen und jene in fossil-orientierte Anwendungen sind tendenziell zurückgegangen. Abb. 1 zeigt, dass die spezialisierten Firmen ihre Innovationen deutlich stärker angepasst haben als gemischte Firmen. Die gemischten Firmen konnten ihre Patente in erneuerbare Energie nur wenig steigern und haben hauptsächlich mit einer Verringerung der Patentanmeldungen aus fossil-orientierter F&E reagiert.

Die Wissenschaftler wollen insbesondere die Heterogenität des F&E-Verhaltens im Unternehmenssektor herausarbeiten und die Bedeutung des extensiven und intensiven Innovationsverhalten quantifizieren. Extensive Innovation bedeutet, dass Unternehmen, die bisher keine F&E betrieben haben, neu in F&E investieren. Intensive Innovation misst, ob die Unternehmen mit positiven F&E-Ausgaben mehr oder weniger in F&E investieren. Den Innovationserfolg der Unternehmen messen die Forscher anhand der Anzahl genehmigter Patente. Die Unternehmen haben einen umso grösseren Anreiz, in die Verbesserung von erneuerbarer und fossiler Energieproduktion zu investieren, wenn die Energiepreise hoch sind, sie auf einem grossen Markt mehr Umsatz erzielen können, und wenn sie bereits über viel Know-how aus ihren F&E-Aktivitäten in der Vergangenheit verfügen.

Die Energiepreise, die Marktgrösse und das Know-how der Unternehmen bestimmen die Rendite von F&E-Investitionen in der Energiebranche.

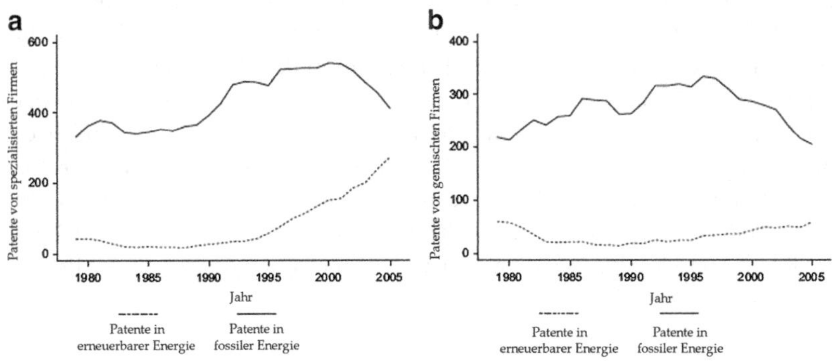

Abb. 1 Durchschnittliche Patentzahlen von (a) spezialisierten und (b) gemischten Unternehmen. (*Quelle:* Noailly und Smeets (2015), S. 22.)

Um die Rolle der Energiepreise zu quantifizieren, ermitteln die Forscher die firmenspezifischen Energiepreise. Diese sind ein Durchschnitt von länderspezifischen Energiepreisen, gewichtet mit den Umsatzanteilen der Firma im jeweiligen Land. Je mehr Umsätze ein Unternehmen in einem Land mit hohen Energiepreisen erzielt, desto höher ist sein firmenspezifischer Energiepreis, und desto höher ist der Innovationsanreiz dieses Unternehmens. Auch den Einfluss der Marktgrösse für Energie messen die Forscher firmenspezifisch, indem sie die regionalen Umsatzanteile, die Grösse der Absatzländer, und auch den dortigen Energiemix berücksichtigten. Die firmenspezifische Marktgrösse eines Solarunternehmens ist gross und sollte einen mächtigen F&E-Anreiz erzeugen, wenn das Unternehmen seine Umsätze vorwiegend in grossen Ländern mit einem grossen Markt für Solarenergie tätigt. Ein auf Windenergie spezialisiertes Unternehmen kann nur mit geringer Marktgrösse rechnen, wenn es vorwiegend in kleineren Ländern tätig ist, wo zudem die Windenergie nur eine geringe Rolle spielt, und andere Energiequellen dominieren. Schliesslich ermitteln die Forscher das firmenspezifische Know-how. Sie messen den Wissensbestand mit der Anzahl der Patente, welche das Unternehmen vor der Untersuchungsperiode hervorbringen konnte. Da das Wissen mit der Zeit obsolet wird, gehen ältere Patente mit einem geringeren Wert ein. Je grösser das akkumulierte Wissen und spezialisierte Know-how ist, desto erfolgreicher sind die F&E-Investitionen der Firma.

Die Energiewende erfordert den Umstieg von fossilen auf erneuerbare Energiequellen. Die Technologien für erneuerbare Energie müssen fossile Technologien in ihrer Leistungsfähigkeit überholen. Die empirische Analyse zeigt, dass eine zunehmende Marktgröße für erneuerbare Energie die Innovation in diesem Bereich fördert und damit zum Aufholen der erneuerbaren Technologien beiträgt. Eine Erhöhung der Marktgrösse um 100 Gigawattstunden reduziert die Wahrscheinlichkeit, dass die Unternehmen in fossile anstatt erneuerbare Energie investieren, um einen Prozentpunkt. Zudem verringert der Markteintritt von jungen Unternehmen, die auf erneuerbare Energien spezialisiert sind, den Technologieunterschied zu fossilen Energieträgern. Kleine Unternehmen sind besonders erfolgreich darin, sich auf einen spezifischen Bereich der erneuerbaren Energien zu fokussieren und schnell auf die sich ändernden Marktbedingungen zu reagieren. So geht die bisherige Reduktion des Technologieunterschieds hauptsächlich auf das Konto von kleinen, spezialisierten Unternehmen, die deutlich mehr Patente für erneuerbare Energie anmelden konnten.

Eine zunehmende Marktgrösse für erneuerbare Energien fördert den Markteintritt junger spezialisierter Firmen und verringert den Technologieabstand der erneuerbaren Energie zu fossilen Energieträgern.

Ein Anstieg der Energiepreise, ein grösserer Markt für fossile Energie und das akkumulierte Wissen über fossile Technologien steigert den Vorsprung fossiler Brennstoffe zu erneuerbaren Energiequellen. Große gemischte Unternehmen verstärken ihre F&E-Aktivitäten und konzentrieren sich eher auf die Weiterentwicklung von fossilen Brennstoff-Technologien, da sie in der Vergangenheit viel Know-how in diesem Bereich entwickeln konnten. Sie befinden sich daher in einer Pfadabhängigkeit aufgrund der vergangenen Investitionen und Erfahrungen, die schwierig zu durchbrechen ist.

Die Forscher zeigen, dass bei grossen, gemischten Unternehmen eine Erhöhung des Energiepreises um 1 US$ den Technologievorsprung von fossiler Energie um 2 % steigert. Bei einem Energiepreisanstieg fällt bei gemischten Unternehmen die Zunahme ihrer F&E-Investitionen in fossile Energie knapp dreimal stärker aus als ihre Innovationen im Bereich erneuerbarer Energie. Zudem sind knapp 90 % der Innovationen der Weiterentwicklung fossiler Brennstoffe gewidmet. Sie zeigen auch, dass grosse, gemischte Unternehmen kaum auf eine Veränderung der Marktgrösse reagieren. Sie sind weniger anpassungsfähig sind als kleine, spezialisierte Unternehmen.

Forschung und Entwicklung in grossen gemischten Unternehmen sind pfadabhängig. Fast 90 % ihrer Innovationen sind auf fossile Brennstoffe und nicht auf erneuerbare Energien gerichtet.

Die Innovationsaktivitäten in der Wirtschaft sind pfadabhängig. Es ist schwierig, große gemischte Unternehmen dazu zu bringen, ihre Forschung stärker auf erneuerbare Energien auszurichten. Sie haben in der Vergangenheit viel Wissen im Bereich fossiler Energien aufgebaut und möchten dieses Knowhow weiter nutzen. Es fällt ihnen schwer, diese Investitionen einfach abzuschreiben und ihre F&E grundsätzlich auf erneuerbare Energie umzustellen. Die Wirtschaftspolitik sollte daher eher auf die Unterstützung kleiner junger Unternehmen zielen, die sich in ihrer F&E neu spezialisieren und nicht in vergangenen Innovationsmustern verhaftet sind. Die Politik kann den Markteintritt von neuen Unternehmen fördern, die auf erneuerbare Energie spezialisiert sind. Die anschliessende Weiterentwicklung in den jungen Unternehmen baut das industrielle Knowhow über erneuerbare Energien auf und trägt dazu bei, den Wissensvorsprung über fossile Energien zu verringern. Die Unterstützung sollte so lange aufrechterhalten werden, bis das akkumulierte Wissen über erneuerbare Energien gross genug ist. Wenn sich der Wissensvorsprung zugunsten erneuerbarer Energie umgekehrt hat und damit die Pfadabhängigkeit von Innovation zugunsten grüner Energie wirkt, dürften Innovationen zu erneuerbarer Energie selbsttragend werden.

Open Access Dieses Kapitel wird unter der Creative Commons Namensnennung 4.0 International Lizenz (http://creativecommons.org/licenses/by/4.0/deed.de) veröffentlicht, welche die Nutzung, Vervielfältigung, Bearbeitung, Verbreitung und Wiedergabe in jeglichem Medium und Format erlaubt, sofern Sie den/die ursprünglichen Autor(en) und die Quelle ordnungsgemäß nennen, einen Link zur Creative Commons Lizenz beifügen und angeben, ob Änderungen vorgenommen wurden.

Die in diesem Kapitel enthaltenen Bilder und sonstiges Drittmaterial unterliegen ebenfalls der genannten Creative Commons Lizenz, sofern sich aus der Abbildungslegende nichts anderes ergibt. Sofern das betreffende Material nicht unter der genannten Creative Commons Lizenz steht und die betreffende Handlung nicht nach gesetzlichen Vorschriften erlaubt ist, ist für die oben aufgeführten Weiterverwendungen des Materials die Einwilligung des jeweiligen Rechteinhabers einzuholen.

Altes nutzen oder Neues erfinden? Wie Firmen sich dem Emissionshandel anpassen

Cara Stromeyer

Relevanz
Um die schlimmsten Folgen des Klimawandels abzuwenden, müssen die CO_2 *Emissionen rasch auf Netto-Null sinken. Wie wirksam ist das Emissionshandelssystem der EU?* CO_2 *Steuern und die Preise für Emissionsrechte geben der Umwelt einen Preis und machen Emissionen kostspielig. Die Firmen können Altes nutzen oder Neues erfinden. Der Einsatz existierender Technologien verspricht schnelle, aber begrenzte Erfolge. Neue Innovationen dauern länger, aber wirken umso nachhaltiger. Die Forschungsarbeit zeigt, wie die Einführung des Emissionshandels in der EU die grünen Innovationen beflügelt. Das senkt die Kosten für die Eindämmung der Emissionen und steigert die Chance, ehrgeizige Klimaziele zu erreichen.*

Quelle
Calel, R. (2020). Adopt or innovate: Understanding technological responses to cap-and-trade. *American Economic Journal: Economic Policy, 12,* 170–201.

Im Kampf gegen steigende Treibhausgasemissionen setzen wir viel Hoffnung auf grüne Innovation. Mit neuen Technologien wie Elektroautos und Solaranlagen können wir CO_2Emissionen effektiv reduzieren. Um die Entwicklung solcher Technologien zu beschleunigen und Emissionen herunterzufahren, hat die EU unter Anderem das EU-Emissionshandelssystem (EHS) eingeführt. Dieses Sys-

C. Stromeyer (✉)
Universität St. Gallen, St. Gallen, Schweiz
E-Mail: cara.stromeyer@unisg.ch

© Der/die Autor(en) 2024

C. Keuschnigg (Hrsg.), *Im Brennpunkt der Wirtschaftspolitik*,
https://doi.org/10.1007/978-3-658-44415-0_9

tem funktioniert nach dem «Cap & Trade» Prinzip. Hierbei wird für jedes Jahr eine Obergrenze («Cap») an Treibhausgasemissionen festgelegt. Die EU-Länder verteilen die entsprechende Menge von Emissionsberechtigungen an Unternehmen, die diese dann frei untereinander handeln können («Trade»). Auf dem Markt bildet sich ein Preis für Emissionsrechte. Jedes Jahr wird die Emissions-Obergrenze reduziert. Dadurch haben die Unternehmen einen Anreiz, ihre Emissionen stetig weiter zu reduzieren. Gelingt ihnen das nicht, müssen sie anderen Unternehmen Emissionsrechte teuer abkaufen.[1]

Wie beeinflusst der Emissionshandel die technologischen Entscheidungen der Unternehmen? Einen ersten Anhaltspunkt gibt ein Blick in die Vergangenheit. In den letzten Jahrzehnten gab es bereits andere «Cap & Trade» Programme mit dem Ziel, Umweltverschmutzungen wie Schwefeldioxid, Stickstoffoxide oder Blei zu reduzieren. Diese Programme haben vorwiegend dazu geführt, dass Unternehmen bereits existierende «saubere» Verfahren und Technologien verstärkt implementiert und genutzt haben. Einen Anschub zur Entwicklung neuer, grüner Innovation gab es allerdings kaum, da die benötigten Technologien zur Reduktion der Umweltverschmutzung bereits ausreichend vorhanden waren. Bei den Emissionsreduktionen nach dem EU-Emissionshandelssystems sind die Voraussetzungen dagegen ganz anders. Es gibt noch nicht genügend rentable, «saubere» Technologien, um die Emissionen ausreichend herunterzufahren. Die EU hofft darauf, dass das EHS die Firmen zur Entwicklung neuer Technologien anregen wird. Kann ein «Cap & Trade» System das erreichen?

Mit dieser Frage beschäftigt sich der Klima-Ökonom Raphael Calel von der Georgetown University. In seiner Studie, die mit dem CESifo Distinguished Affiliate Award ausgezeichnet wurde, untersucht er, wie die Firmen auf das EHS der EU reagiert haben. Haben sie vorwiegend existierende «saubere» Technologien implementiert, oder neue Technologien entwickelt? Die Untersuchung nutzt Daten zu britischen Firmen über den Zeitraum 2000–2012. Der Datensatz enthält detaillierte Informationen über jede Firma, z. B. Umsatz und Angestellte, aber auch CO_2 Emissionen, Patente und Ausgaben für Forschung und Entwicklung (F&E) pro Unternehmen. Um den Effekt des EU-EHS auf Firmenentscheidungen zu bestimmen, nutzt Calel eine Besonderheit der Regeln des EU-EHS in Grossbritannien. Generell unterliegen nur solche Firmen dem EU-EHS, die mindestens eine «grosse» Produktionsanlage betreiben. Nur diese Firmen müssen dem EU-

[1] Quelle: European Commission (2022), EU Emissions Trading System (EU ETS), *Climate Action*. https://ec.europa.eu/clima/eu-action/eu-emissions-trading-system-eu-ets_en.

EHS Folge leisten, während Firmen, die mehrere kleinere Einheiten betreiben, aber nach anderen Kriterien vergleichbar sind, nicht dem EU-EHS unterliegen. Anhand solcher Firmen-Paare kann Calel bestimmen, welchen Einfluss das Emissionshandelssystem der EU auf die Firmenentscheidungen hat. Der finale Datensatz enthält 403 EU-EHS Firmen und 446 Firmen, die nicht unter das EU-EHS fallen.

Abb. 1 zeigt die Entwicklung von grünen Technologien in Grossbritannien. Um festzustellen, ob Unternehmen bereits existierende emissionsarme Technologien implementiert haben, betrachtet Calel die CO_2 Intensität der Produktion. Wenn Firmen schlagartig weniger CO_2 für ihre Produktion ausstossen, ist es wahrscheinlich, dass sie emissionsarme Produktionstechnologien implementiert haben. Panel A bildet die ausgestossenen Tonnen CO_2 pro £1000 Bruttowertschöpfung ab (obere Linie). Diese sind zwischen 2000 und 2010 stetig gesunken, um insgesamt 25 %. Allerdings scheint die Einführung des EU-ETS im Jahr 2005 keinen sichtbaren Einfluss auf die CO_2 Intensität gehabt zu haben. Eine Veränderung des Trends nach 2005, also ein schneller Erfolg durch den Einsatz existierender Technologien, ist nicht zu erkennen. Ausserdem ist auch die Anzahl Arbeiter pro £1000 gesunken, was vermuten lässt, dass die Produktion schlichtweg effizienter geworden ist – unabhängig vom EU-ETS. Es ist zu vermuten, dass das EU-EHS die Einführung emissionsarmer Technologien nicht beschleunigt hat.

Anders sieht es bei den grünen Patenten aus. Anhand der Anzahl grüner Patente kann der Forscher messen, ob Unternehmen grüne Innovation vorangetrie-

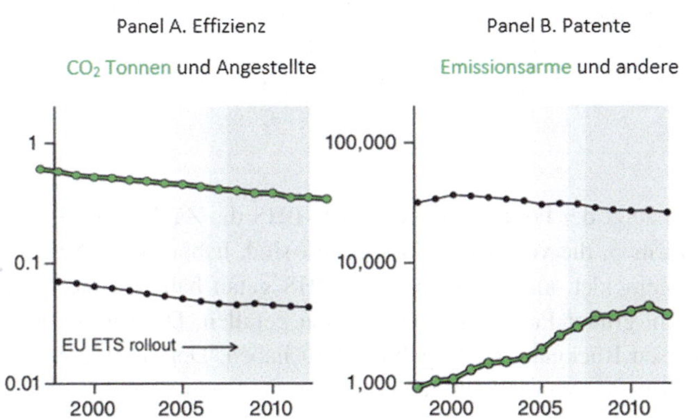

Abb. 1 CO_2 Effizienz und grüne Innovation in Grossbritannien. (Quelle: Calel (2020), Abb. 3)

ben haben. Panel B zeigt die Anzahl grüner Patente (untere Linie) und die Gesamtzahl der Patente in Grossbritannien. Die Anzahl grüner Patente ist vor 2005 stetig um 9 % gestiegen. Nach der Einführung des EU-EHS im Jahr 2005 hat sich die Anzahl grüner Patente allerdings verdoppelt. In der gleichen Zeitspanne hat sich die Gesamtmenge aller Patente deutlich weniger schnell entwickelt, und zeigt 2005 keine Veränderung auf. Daraus kann man schliessen, dass das EU-EHS einen deutlichen Anstieg von grünen Innovationen ausgelöst hat.

Um diese Vermutungen zu überprüfen, führt Calel eine Analyse der Firmen-Paare durch. Aus den Daten geht hervor, dass die CO_2 Intensität der EU-EHS Firmen durchschnittlich nicht gesunken ist. Daraus schliesst der Wissenschaftler, dass EU-EHS Firmen keine bereits existierenden grünen Technologien implementiert haben, um ihre Emissionen zu senken. Ein Grund dafür könnte sein, dass das EU-EHS keine sofortige Emissionsreduktion vorschreibt, aber mit den ansteigenden Preisen für Emissionsrechte den CO_2 Ausstoss zunehmend verteuert. Die Firmen müssen also ihre Emissionen über die nächsten Jahrzehnte immer weiter senken, um die steigenden Emissionskosten zu vermeiden. In dieser Situation lohnt es sich kaum, die existierenden, teils teuren Technologien zu implementieren, wenn diese in einigen Jahren schon nicht mehr ausreichend Emissionen sparen. Stattdessen ist es zielführender, in die Forschung und Entwicklung von emissionsarmen Technologien zu investieren. Dadurch können Firmen ihre Emissionen in Zukunft stärker senken, als es die heutigen Technologien ermöglichen.

Firmen, die unter das EU-Emissionshandelssystem (EHS) fallen, scheinen existierende grüne Technologien kaum genutzt zu haben. Die Emissionen pro Produktionseinheit sind durch das EU-EHS nicht stärker gesunken als zuvor.

Tatsächlich zeigt der Forscher, dass das EU-EHS die Zahl grüner Patente gesteigert hat. Firmen, die vom EU-EHS reguliert sind, haben rund 25 % mehr grüne Patente angemeldet, als sie es ohne das EHS getan hätten. Unterdessen ist die Anzahl nicht-grüner Patente für alle Firmen gefallen. Die Einführung des EHS scheint diesen Rückgang leicht gebremst zu haben. Der Autor schätzt, dass die EU-EHS Firmen auch rund 4 % mehr nicht-grüne Patente auf den Markt gebracht haben, als sie es ohne das EU-EHS getan hätten. Das EU-EHS hat also die Innovationsneigung der Firmen insgesamt gesteigert, mit einem starken Fokus auf grüne Patente.

Das EU-EHS hat einen Anstieg der Patente mit einem Fokus auf grüne Innovationen ausgelöst. Im Unterschied zu vergleichbaren anderen Firmen haben Firmen, die dem EU-EHS unterliegen, 25 % mehr grüne Patente und 4 % mehr nicht-grüne Patente auf den Markt gebracht.

Zusätzlich untersucht Calel die Investitionen in grüne Forschung und Entwicklung (F&E). Haben die Firmen lediglich Patente angemeldet, die bereits vor dem EU-EHS entwickelt wurden, oder haben sie tatsächlich in neue grüne Innovationen investiert und zusätzliche Patente angemeldet? Anhand seiner Daten schätzt der Wissenschaftler, dass das EU-EHS zu einem 32-%igen Anstieg der Investition in grüne F&E geführt hat. Auch in die nicht-grüne Forschung haben die Firmen weiterhin mindestens so viel investiert wie zuvor. Das EU-EHS scheint die Investitionen in grüne F&E vorangetrieben zu haben, ohne dass andere Forschung darunter leiden musste.

EU-EHS Firmen haben ihre Ausgaben für grüne Innovation durchschnittlich um 32 % gesteigert, ohne die Ausgaben für andere Innovationen zu reduzieren.

Diese Resultate sind ermutigend. Allerdings bleibt zu beachten, dass das EU-EHS nur einen kleinen Teil der britischen Firmen betrifft. Die meisten Firmen werden vom EU-EHS nicht reguliert, und reagieren dadurch viel weniger auf die Einführung des EU-EHS. Welchen Effekt hat das EU-EHS also auf Grossbritannien insgesamt? Der Autor schätzt, dass die Anzahl grüner Patente insgesamt um ca. 0,1–0,25 % gestiegen ist. Die Investition in grüne Forschung und Entwicklung ist um 1–2 % angestiegen. Das klingt zunächst bescheiden. Calel zeigt allerdings, dass es sich dennoch um ein beeindruckendes Ergebnis handelt, wenn man es mit den politischen Kosten vergleicht. Die britische Regierung müsste rund £81–138 Mio.

Steuergelder gezielt investieren, um den gleichen Anstieg grüner Patente durch Subventionen für grüne Forschung zu erreichen.[2] Das EU-EHS hat dem Staat stattdessen £1,3 Billionen zusätzliche Einnahmen durch Auktionen von Emissionsrechten eingebracht.

Insgesamt hat das EU-EHS in Grossbritannien dazu geführt, dass die totale Anzahl grüner Patente um 0,1–0,25 % gestiegen ist. Die Ausgaben für grüne F&E sind um 1–2 % gestiegen. Die britische Regierung hätte rund £81–138 Mio. Steuergelder gezielt investieren müssen, um das gleiche Ergebnis durch Subventionen für grüne F&E zu erreichen.

Mit seiner Forschungsarbeit konnte Raphael Calel zeigen, dass das EU-EHS grüne Innovation anregt. Firmen, die unter das EU-EHS fallen, geben mehr Geld für grüne F&E aus und bringen mehr grüne Patente auf den Markt. Sie engagieren sich also für die Entwicklung verbesserter, emissionsarmer Technologien. Dadurch unterscheidet sich das EU-EHS deutlich von vorherigen «Cap & Trade» Programmen, bei denen Firmen lediglich bereits vorhandene, saubere Technologien implementiert haben, anstatt neues zu entwickeln. Das verbessert die Perspektiven für die Entwicklung der CO_2 Märkte: Wenn Firmen stärker auf grüne Innovation fokussieren, dann werden effizientere und günstigere emissionsarme Technologien verfügbar. Die Kosten für die Reduktion von Emissionen sollten schneller sinken, als man es von anderen «Cap & Trade» Programmen gewohnt ist. Damit werden ambitioniertere Emissionsziele möglich, ohne die Kosten übermässig zu steigern. Die Chancen auf eine Abwendung der schlimmsten Folgen des Klimawandels steigen.

[2] Für diese Berechnung nutzt der Autor Raphael Calel die Schätzungen von Dechezleprêtre, Antoine, Elias Einiö, Ralf Martin, Kieu-Trang Nguyen, and John Van Reenen. 2016. „Do Tax Incentives for Research Increase Firm Innovation? An RD Design for R&D“ NBER Working Paper 22.405.

Open Access Dieses Kapitel wird unter der Creative Commons Namensnennung 4.0 International Lizenz (http://creativecommons.org/licenses/by/4.0/deed.de) veröffentlicht, welche die Nutzung, Vervielfältigung, Bearbeitung, Verbreitung und Wiedergabe in jeglichem Medium und Format erlaubt, sofern Sie den/die ursprünglichen Autor(en) und die Quelle ordnungsgemäß nennen, einen Link zur Creative Commons Lizenz beifügen und angeben, ob Änderungen vorgenommen wurden.

Die in diesem Kapitel enthaltenen Bilder und sonstiges Drittmaterial unterliegen ebenfalls der genannten Creative Commons Lizenz, sofern sich aus der Abbildungslegende nichts anderes ergibt. Sofern das betreffende Material nicht unter der genannten Creative Commons Lizenz steht und die betreffende Handlung nicht nach gesetzlichen Vorschriften erlaubt ist, ist für die oben aufgeführten Weiterverwendungen des Materials die Einwilligung des jeweiligen Rechteinhabers einzuholen.

Wie Banken die Klimaziele unterstützen können

Lia Sonvilla

Relevanz
Zuletzt haben sich immer mehr Banken zu den Zielen des Pariser Klimaabkommens bekannt. Führt diese Selbstverpflichtung dazu, dass Banken Kredite verstärkt von verschmutzenden hin zu grünen Unternehmen lenken? Oder handelt es sich dabei in erster Linie um «Greenwashing»? Die vorliegende Studie zeigt, dass Banken mit einer solchen Selbstverpflichtung tatsächlich weniger Kredite an emissionsstarke Unternehmen vergeben. Allerdings finden die Forscher nur wenig Hinweise dafür, dass die besonders starken Emittenten ihren CO_2-Ausstoss deshalb verringern.

Quelle
Kacperczyk, M., & Luis Peydró, J. (2021). *Carbon emissions and the bank-lending channel, centre for economic policy research,* Discussion Paper Series DP16778, S. 1–54.

Die Themen Umweltschutz und Klimawandel sind heute aus gesellschaftlichen und politischen Debatten nicht mehr wegzudenken. Im Zuge internationaler Klimaverhandlungen werden bereits seit den 1970er Jahren wichtige Klimaereignisse und wissenschaftliche Erkenntnisse besprochen und Lösungen beispielsweise in Form von Abkommen verabschiedet. Vor allem im letzten Jahrzehnt nahm die Diskussion eine neue Dynamik an. Dabei spielen die hohen Kohlenstoffemissionen, insbesondere im privaten Sektor, eine zentrale Rolle. Ziel des Pari-

L. Sonvilla (✉)
Universität St. Gallen, St. Gallen, Schweiz
E-Mail: lia.sonvilla@student.unisg.ch

© Der/die Autor(en) 2024

C. Keuschnigg (Hrsg.), *Im Brennpunkt der Wirtschaftspolitik,*
https://doi.org/10.1007/978-3-658-44415-0_10

ser-Klimaabkommens von 2015 ist es, diese so weit wie möglich zu reduzieren und damit die durchschnittliche Erwärmung gegenüber dem vorindustriellen Zeitalter auf deutlich unter zwei Grad Celsius zu beschränken. Dieser Prozess erfordert den Übergang von fossilen (braunen) zu nachhaltigen (grünen) Technologien.

Bei diesem Strukturwandel kann der Finanzsektor eine bedeutende Rolle spielen. So sind Banken wichtige Kapitalgeber von privaten Unternehmen und können deren Investitionen beeinflussen. Eine prominente Initiative im Bankensektor ist die Net-Zero Banking Alliance, welche von den Vereinten Nationen ins Leben gerufen wurde. In dieser verpflichtete sich eine globale Gruppe von Banken, die rund 40 % der weltweiten Bankenaktiva repräsentieren, ihre Kreditvergabe bis 2050 auf Netto-Null-Emissionen auszurichten. Jedoch stellt sich die Frage, ob Maßnahmen wie diese Initiative tatsächlich wirkungsvoll sind und zum Erreichen der Klimaziele beitragen. Denn, in Ermangelung klarer Regeln für die Kreditvergabe an emissionsstarke Unternehmen könnten solche Banken-Verpflichtungen ein Instrument für Greenwashing sein.

Die Wirtschaftswissenschaftler Marcin Kacperczyk und José-Luis Peydró vom Imperial College London gehen daher in ihrer Studie der Frage nach, ob Banken, die sich zu den Klimazielen verpflichten, tatsächlich finanzielle Mittel von emissionsstarken zugunsten emissionsarmer Investitionen umverteilen. Welchen Einfluss hat dies in der Folge auf die Klimabilanz? Oder können braune Firmen offene Finanzlücken aus anderen Quellen kompensieren? Eine zentrale Leistung der Studie besteht darin, dass die Forscher den gesamten Transmissionsmechanismus von Bankkrediten auf die Realwirtschaft und Umwelt untersuchen.

Sobald sich Banken zu Klimazielen verpflichten, sollten sie weniger Kredite an emissionsstarke Firmen vergeben. Alternativ könnten die Kredite an spezifische, grüne Investitionen gebunden werden. In weiterer Folge sollte der Wandel in der Kreditvergabe reale Effekte, zum Beispiel mehr Investitionen in grüne Technologien und niedrigere Emissionswerte, nach sich ziehen. Um diese Hypothese zu überprüfen, vergleichen die Forscher Finanzierung und Investitionen im Zeitraum vor und nach der Verpflichtung von Banken auf Klimaziele.

Außerdem analysieren Kacperczyk und Peydró, weshalb Banken die Kreditvergabe an braune Firmen reduzieren. Zum einen könnten Banken die finanziellen Risiken von umweltverschmutzenden Unternehmen höher einschätzen und deshalb weniger Kredite vergeben. Zum anderen könnten sie ihre Entscheidungen aber rein anhand der eigenen Präferenzen für grüne oder braune Technologien oder Aktivitäten treffen.

Banken sind die wichtigsten Kreditgeber der Unternehmen. Welches Unternehmen einen Kredit erhält hing bisher oft von der Risikobewertung ab. Doch Banken-Präferenzen für grüne oder braune Technologien werden immer wichtiger.

Für die Analyse nutzen die Forscher einen Datensatz mit Informationen zu Emissionen, Investitionen und Finanzierung von 2112 internationalen Firmen zwischen 2013 und 2018. Dieser umfasst auch Daten zu ihren Kreditgebern. Knapp ein Drittel der Firmen befindet sich in den USA, ein weiteres Viertel in der Europäischen Union und im Vereinigten Königreich. Unter den Kreditgebern sind 59 Banken, welche sich entweder bereits zu Emissionsreduzierungen verpflichtet haben oder aber Ziele festgelegt haben. Diese sind an circa 60 % der erfassten Kredite beteiligt.

Die Selbstverpflichtungen der Banken fand in zwei Schritten statt. Im zweiten Quartal 2015 sowie im zweiten Quartal 2016 beschloss eine Vielzahl, sich den Klimazielen der Politik zu verpflichten. Rund drei Viertel der untersuchten Firmen hatte eine Kreditbeziehung zu mindestens einer Bank mit Klima-Verpflichtung. Diese hohe Zahl liegt vor allem daran, dass jene Banken sehr aktiv im Markt für syndizierte Kredite sind, die jeweils von mehreren Banken gemeinsam vergeben werden. Der Anteil der verpflichteten Banken unter allen Kreditgebern eines Unternehmens ist jedoch mit 15 % eher gering.

Für die Analyse der finanziellen Lage der Unternehmen zieht das Forscherteam eine Vielzahl von Größen wie beispielsweise Verschuldung, Vermögenswerte und Risikobewertung heran. Im Durchschnitt verfügt ein Unternehmen über ausstehende Schulden von 1,28 Mrd. US$. Das entspricht den Autoren nach etwa 30 % seiner Vermögenswerte. 40 % davon sind Bankschulden, der Rest ist vorwiegend über den Kapitalmarkt finanziert. Vor der ersten Runde der Klima-Verpflichtungen betrugen die Vermögenswerte durchschnittlich 4,4 Mrd. US$.

Die betrachteten Firmen hatten eine durchschnittliche Verschuldung von 1,28 Mrd. US$. 40 % davon waren Bankenschulden. Die Gesamtschulden machten etwa 30 % der Vermögenswerte aus.

Zudem betrachten Kacperczyk und Peydró die CO_2-Emissionen der Unternehmen. Direkte Emissionen (Scope-1) stammen aus Quellen, welche direkt von den

Unternehmen verantwortet oder kontrolliert werden. Im Durchschnitt emittierte eine Firma zwischen 2013 und 2014 etwa 3,56 Mio. Tonnen Treibhausgase pro Jahr. Ihre jährlichen Umweltinvestitionen waren mit bloß knapp einem Prozent des Gesamtvermögens gering.

Die ökonometrischen Schätzungen zeigen, dass Banken ihre Kreditvergabe veränderten, nachdem sie sich auf die Klimaziele verpflichten. Die Autoren betrachten jene Firmen genauer, welche überdurchschnittlich viele Treibhausgase (d. h., um 13,8 Mio. Tonnen mehr als der Durchschnitt) emittieren. Betriebe mit überdurchschnittlichen Emissionswerten erhalten ihren Analysen zufolge nach den Klima-Verpflichtungen weniger Kredite als zuvor. Im Schnitt reduzierten sich somit die Gesamtschulden einer Firma mit überdurchschnittlich hohen Emissionen nach der Klima-Verpflichtung einer Bank um 6,4 Prozentpunkte.

Im Schnitt reduzierten sich die Gesamtschulden einer Firma mit überdurchschnittlich hohen Emissionen, nach der Klima-Verpflichtung einer Bank, um 6,4 Prozentpunkte.

Abb. 1 stellt dar, wie sich über die Zeit die CO_2-Emissionen eines Unternehmens auf seine Bankfinanzierung auswirkten. Links in der Grafik sind jene Firmen

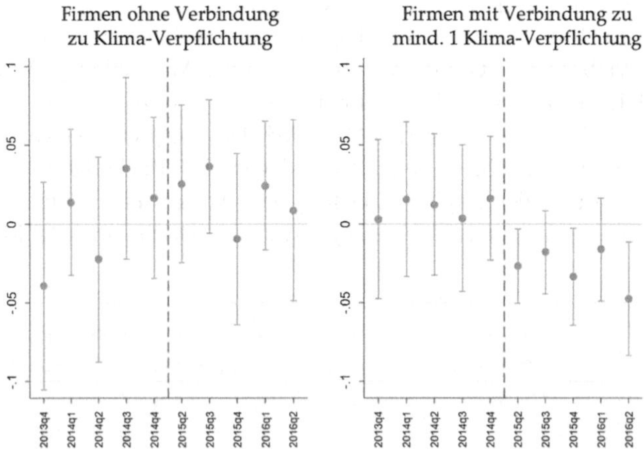

Abb. 1 Effekt der CO_2-Emissionen auf die Bankschulden eines Unternehmens nach Kreditbeziehung zu Banken ohne/mit Verpflichtung zu Klimazielen. (Quelle: Kacperczyk und Peydró (2021), S. 36)

abgebildet, welche keine Kreditbeziehung zu Banken mit Klima-Verpflichtung haben. Entsprechend wirken sich stärkere Emissionen nicht signifikant auf die Finanzierung aus. Rechts sind jene Firmen dargestellt, die bereits mindestens einmal einen Kredit von einer verpflichteten Bank erhalten haben. Tatsächlich haben stärkere CO2-Emissionen einen negativen Effekt auf deren Bankschulden, nachdem die Banken 2015 und 2016 solche Selbstverpflichtungen eingegangen waren.

Weitere wichtige Studienergebnisse betreffen das Interesse, das Banken vor und während der Kreditvergabe hegen. Ein wesentlicher Entscheidungsfaktor ist die Kreditwürdigkeit der Unternehmen. Wenn Banken unabhängig davon ihre Kreditvergabe ändern, liegt es an anderen Faktoren wie ihren Präferenzen darüber, mit welchen Unternehmen sie Kreditbeziehungen eingehen möchten. Tatsächlich zeigen die Ergebnisse, dass Banken unabhängig vom Ausfallrisiko Kredite an emissionsstarke Betriebe reduzierten. Unter Berücksichtigung des Risikobewertung reduzierten sich die Kredite einer Firma mit überdurchschnittlichen Emissionswerten (13,8 Mio. Tonnen mehr) um 5,1 Prozentpunkte, wenn sie Beziehungen zu einer verpflichteten Bank hatte, verglichen mit einer Firma, die keine Beziehung zu einer solchen Bank hatte.

Können emissionsstarke Betriebe den Kreditrückgang durch andere Finanzmittel kompensieren? Die Autoren zeigen, dass sich der Verschuldungsgrad jener Firmen nur unwesentlich verringerte. Jedoch gingen der Schuldenstand und die Investitionen signifikant zurück. Das bedeutet, dass emissionsstarke Firmen im Schnitt keine Wandel zu grünen Technologien vornehmen, sondern schrumpfen. Die grünsten Firmen hingegen konnten ihre Kredite im Vergleich zu den restlichen Unternehmen um 15 % erhöhen und ihre Investitionen sogar um rund 18 % steigern.

Beeinflussen Banken nun durch die Umlenkung der Kredite das Emissionsgeschehen? Die über ihre Bank indirekt an Klima-Verpflichtungen gebundenen Firmen verringern ihre Emissionen im Schnitt um 35 Prozentpunkte, verglichen zu davor. Unter den überdurchschnittlich starken Emittenten finden die Forscher hingegen keine realen Effekte. Dieses Ergebnis könnte ein Hinweis darauf sein, dass die betroffenen, emissionsstarken Firmen Greenwashing betreiben.

Zusammengefasst zeigt diese Studie, dass die (Selbst-)Verpflichtung von Banken auf Klimaziele dazu beiträgt, Kredite an emissionsstarke Betriebe zu verringern. Die Resultate sind konsistent mit der Hypothese, dass Banken Präferenzen über Technologien und Firmen haben und dementsprechend Kredite vergeben. Für sehr grüne und sehr braune Firmen finden die Forscher stärkere Effekte, für den Rest milde. Allerdings gibt es keine Evidenz für einen Emissionsrückgang der braunen Firmen. Die Banken stellen jenen Firmen dafür nicht die notwendigen Mittel zur Verfügung. Grüne Firmen gehen auf der anderen Seite als Gewinner hervor, denn sie erhalten mehr Kredite.

Open Access Dieses Kapitel wird unter der Creative Commons Namensnennung 4.0 International Lizenz (http://creativecommons.org/licenses/by/4.0/deed.de) veröffentlicht, welche die Nutzung, Vervielfältigung, Bearbeitung, Verbreitung und Wiedergabe in jeglichem Medium und Format erlaubt, sofern Sie den/die ursprünglichen Autor(en) und die Quelle ordnungsgemäß nennen, einen Link zur Creative Commons Lizenz beifügen und angeben, ob Änderungen vorgenommen wurden.

Die in diesem Kapitel enthaltenen Bilder und sonstiges Drittmaterial unterliegen ebenfalls der genannten Creative Commons Lizenz, sofern sich aus der Abbildungslegende nichts anderes ergibt. Sofern das betreffende Material nicht unter der genannten Creative Commons Lizenz steht und die betreffende Handlung nicht nach gesetzlichen Vorschriften erlaubt ist, ist für die oben aufgeführten Weiterverwendungen des Materials die Einwilligung des jeweiligen Rechteinhabers einzuholen.

Handel

Wie erfolgreich investiert China im Ausland?

Björn Hartmann

Relevanz
China ist ein Land der jungen Sparer und bildet riesige Finanzvermögen. Der Aufstieg Chinas auf den internationalen Finanzmärkten ist vorprogrammiert. Ein Land kann viel gewinnen, indem es sein Finanzvermögen breit streut und mit dem Ertrag aus Auslandsinvestitionen die Ertragsschwankungen im Inland teilweise ausgleicht. Die Investoren müssen beides im Blick haben, Ertrag und Risiko. Doch wie erfolgreich sind die chinesischen Auslandsinvestitionen? Welche Anlagemotive treiben die Investitionsentscheidungen? Gelingt es, mit Auslandsinvestitionen das Anlagerisiko der heimischen Sparer zu reduzieren? Kann chinesisches Anlagekapital im Ausland eine höhere Rendite erzielen als daheim?

Quelle
Agarwal, I., Gu, G. W., & Prasad, E. (2019). *China's impact on global financial markets,* NBER Working Paper No. 26311.

Chinas wirtschaftlicher Aufstieg während der letzten Jahrzehnte ist enorm. China ist die zweitgrösste Volkswirtschaft der Welt. Sein Nettoauslandsvermögen betrug im Jahr 2018 rund 2,1 Billionen US$, womit es nach Japan und Deutschland auf dem dritten Rang lag. Auch im internationalen Handel ist das Land ganz vorne mit dabei. China ist inzwischen der grösste Warenexporteur.

B. Hartmann (✉)
Universität St. Gallen, St. Gallen, Schweiz
E-Mail: lbjoern.hartmann@student.unisg.ch

© Der/die Autor(en) 2024

C. Keuschnigg (Hrsg.), *Im Brennpunkt der Wirtschaftspolitik,*
https://doi.org/10.1007/978-3-658-44415-0_11

Trotzdem blieb die Wirkung Chinas auf die globalen Finanzmärkte bisher eher bescheiden. Dies lag u. a. an strenger Regulierung. Erst seit dem Jahr 2006 ist es grossen institutionellen Investoren erlaubt, in ausländische Finanzprodukte zu investieren, allerdings nur begrenzt. Im Februar 2019 lag der Wert der bewilligten Investitionen total bei rund 100 Mio. US$. Einzelinvestoren können bis heute nicht in ausländische Finanzprodukte investieren. Die Liberalisierungsmassnahmen sind behutsam und werden nur schrittweise eingeführt, um abrupte Kapitalabflüsse zu vermeiden.

Zwei Gründe sprechen für eine weitergehende Liberalisierung der Kapitalflüsse: Erstens sind grosse Teile des Auslandsvermögens in Staatsanleihen angelegt und erwirtschaften nur eine bescheidene Rendite. Diese ist sogar geringer als die Zinsen auf chinesische Auslandsschulden. Daher musste China seit 2009 Nettokapitalverluste verbuchen. Eine Liberalisierung könnte die Zusammensetzung des Auslandsvermögens ändern, hin zu etwas risikoreicheren Anlagen mit höheren Renditen. Zweitens liegen grosse Teile des Inlandsvermögens auf Bankkonten, welche ebenfalls nur eine bescheidene Rendite abwerfen, weil es unter anderem auch an geeigneten inländischen Finanzanlagen mangelt.

Die grenzüberschreitenden Kapitalflüsse Chinas waren ein wenig beachtetes Thema in der bisherigen Forschung. Die Ökonomen Isha Agarwal, Grace Weishi Gu und Eswar Prasad von den Universitäten British Columbia, Santa Cruz und Cornell untersuchen, wie sich der Aufstieg Chinas auf die globalen Finanzmärkte auswirkt. Ihr Fokus liegt dabei nicht auf die Investitionen der chinesischen Zentralbank oder der Regierung (zum Beispiel über die Belt-and-Road-Initiative), sondern auf institutionellen Investoren, welche den Grossteil der Neuinvestitionen tätigen. Insbesondere sind die Forscher daran interessiert, in welchen Ländern und Sektoren China weltweit investiert.

Da China keine Daten zu Direkt- und Kapitalinvestitionen an den Internationalen Währungsfonds liefert, sind die Autoren darauf angewiesen, sich die notwendigen Daten von den Empfängerländern zu beschaffen. Ihr Datensatz umfasst Informationen zu den Auslandsinvestitionen von 42 chinesischen institutionellen Investoren im Zeitraum von 2008 bis 2017.

China investiert überproportional viel in Entwicklungs- und Nachbarländer. Gleichzeitig fliessen viele Investitionen in Länder mit schwachen staatlichen Institutionen.

Als ersten Schritt untersuchen die Forscher, in welchen Ländern die chinesischen Investoren überproportional viel investieren. Dazu nutzen sie das Konzept der «Überinvestition»: Jedes Land wird anhand seines Anteils an der weltweiten Aktienmarktkapitalisierung gewichtet. Fällt sein Anteil am Investitionsvolumen grösser aus als sein Gewicht auf den Aktienmärkten, liegt eine Überinvestition vor. Abb. 1 zeigt die zehn am stärksten über- bzw. untergewichteten Länder in den Portfolios chinesischer Investoren. Hong Kong erhält am meisten Überinvestitionen, etwa 23 % mehr als Hong Kong aufgrund seiner Marktgewichtung erhalten sollte. Die USA erhalten rund 21 % weniger Investitionen als sie sollten, damit sind sie das Land mit der grössten Unterinvestition.

Aus der Analyse wird deutlich, dass chinesische Investoren besonders viel in Entwicklungs- und Nachbarländer investieren und weniger in Industriestaaten sowie entfernte Länder. Im Durchschnitt der Stichprobe liegt die Überinvestition bei rund 7 %. Dies liegt daran, dass die Autoren nicht Daten zu allen Ländern haben, allerdings mit der weltweiten Aktienmarktkapitalisierung rechnen. Die Wissenschaftler schätzen, dass eine gemeinsame Grenze die Überinvestitionen um rund 18 Prozentpunkte vergrössert, im Vergleich zu den Ländern ohne Grenze mit China. Zudem zeigen sie, dass China besonders stark in Ländern mit schwachen staatlichen Institutionen investiert. Steigt zum Beispiel der Indexwert für die Leistungsfähigkeit des öffentlichen Sektors um eine Stufe auf einer fünfteiligen

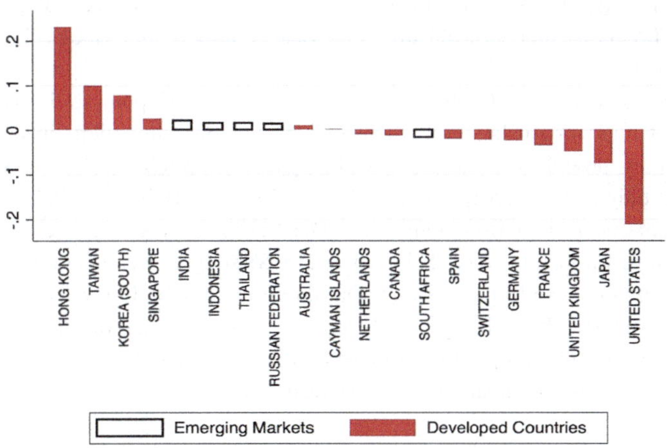

Abb. 1 Überinvestitionen chinesischer Investoren. (Quelle: Agarwal et al. u. a. (2019), Abb. 8)

Skala, sinken die Überinvestitionen um 13 Prozentpunkte. Das bilaterale Handelsvolumen steigert die Investitionen ebenfalls: Eine Erhöhung des Anteils am gesamten chinesischen Handelsvolumen um 1 % steigert die Überinvestitionen um 0,4 %. Die Überlegung dafür ist, dass zunehmender Handel auch das Wissen über den Handelspartner verbessert, zum Beispiel über die Sprache, Gebräuche oder auch die Regulierung in einem Land. Dieses Wissen erleichtert die Finanzinvestitionen in jenem Land.

Erhöht sich der Handelsanteil eines Landes am gesamten chinesischen Handelsvolumen um 1 %, so steigen die Überinvestitionen um 0,4 US$. Die Investoren nutzen die Erfahrungen aus der Handelsbeziehung, um leichter investieren zu können.

Agarwal und Ko-Autoren befassen sich auch damit, in welche Sektoren innerhalb eines Ziellandes investiert wird. Sie benützen erneut das Konzept der Überinvestition. Wenn der Investitionsanteil eines Sektors grösser ist als der Anteil an der nationalen Aktienmarktkapitalisierung, dann spricht man von Überinvestition in diesen Sektor in diesem Land. Die Analyse ergibt, dass chinesische Investoren übermässig in den Bau- und Kommunikationssektoren investieren, sowie in Entwicklungsländern auch im Bergbau. Industrie und Finanzsektor sind dagegen untergewichtet. Bei Investitionen in Industriestaaten ist der Hochtechnologiesektor deutlich übergewichtet, obwohl über alle Länder hinweg der Hochtechnologiesektor um 10 % untergewichtet ist.

Wie kann man diese Beobachtungen erklären? Eine Hypothese der Forscher ist, dass China im Ausland vor allem in jene Sektoren investiert, in denen es selbst wenig produktiv ist und einen «komparativen Nachteil» hat. In solchen Sektoren tätigt China überproportional hohe Importe. Beispiele sind Bergbau, Computersoftware und Kommunikation. Die Schätzung ergibt tatsächlich, dass die Überinvestitionen in einem Sektor um 4,5 US$ steigen, wenn der komparative Nachteil um einen Indexpunkt steigt. Der durchschnittliche Indexwert beträgt 1, bei einer Standardabweichung von ebenfalls 1. Zudem zeigen die Autoren, dass die Investitionen überproportional in jene Länder fliessen, die in den betreffenden Sektoren über einen komparativen Vorteil verfügen.

Chinesische Investoren investieren überproportional stark in Sektoren, in welchen China einen komparativen Nachteil hat. Die Investitionen konzentrieren sich auf die Länder, welche in diesen Sektoren besser sind als China.

Diversifikation spielt eine wichtige Rolle. Im Inland fliesst viel Kapital in Sektoren, in welchen China über einen komparativen Vorteil verfügt. Daher kann es sinnvoll sein, im Ausland in andere Sektoren zu investieren. Informationsvorteile sind eine weitere Erklärung für das Anlageverhalten. Ein steigendes bilaterales Handelsvolumen zieht höhere Investitionen nach sich. Die Investoren nutzen die Informationen, welche sie durch die Importe über diesen Sektor in diesem Land erhalten. Dagegen kommen Agarwal und Ko-Autoren zum Schluss, dass bei den Anlageentscheidungen Renditeüberlegungen oder Lerneffekte keine bedeutende Rolle spielen. Lerneffekte würden bedeuten, dass die Investitionen hauptsächlich dafür genutzt werden, um die einheimische Technologie zu verbessern.

Die Studie analysiert, wie chinesische, institutionelle Investoren ihr Kapital im Ausland anlegen. Sie investieren übermässig in Entwicklungs- und Nachbarländer und weniger in Industrieländer. Die Investitionen fliessen hauptsächlich in jene Sektoren, in welchen China einen komparativen Nachteil aufweist. Gründe dafür sind vor allem Informationsvorteile und der Wunsch nach Diversifikation.

Open Access Dieses Kapitel wird unter der Creative Commons Namensnennung 4.0 International Lizenz (http://creativecommons.org/licenses/by/4.0/deed.de) veröffentlicht, welche die Nutzung, Vervielfältigung, Bearbeitung, Verbreitung und Wiedergabe in jeglichem Medium und Format erlaubt, sofern Sie den/die ursprünglichen Autor(en) und die Quelle ordnungsgemäß nennen, einen Link zur Creative Commons Lizenz beifügen und angeben, ob Änderungen vorgenommen wurden.

Die in diesem Kapitel enthaltenen Bilder und sonstiges Drittmaterial unterliegen ebenfalls der genannten Creative Commons Lizenz, sofern sich aus der Abbildungslegende nichts anderes ergibt. Sofern das betreffende Material nicht unter der genannten Creative Commons Lizenz steht und die betreffende Handlung nicht nach gesetzlichen Vorschriften erlaubt ist, ist für die oben aufgeführten Weiterverwendungen des Materials die Einwilligung des jeweiligen Rechteinhabers einzuholen.

Die Politik des Handelskriegs

Sara Fontanet

Relevanz
Die Vorteile des Freihandels überwiegen. Doch die Betroffenheit ist sehr unterschiedlich. Die Konsumenten gewinnen mit niedrigeren Preisen und mehr Auswahl. Die exportintensiven Unternehmen und ihre Arbeitnehmer profitieren von besserem Zugang zu Absatzmärkten und neuen Wachstumschancen. In den importkonkurrierenden Branchen dagegen fürchten die Arbeitnehmer um Jobs und gute Löhne. Die Nachteile des Freihandels sind sehr sichtbar und konkret, die Vorteile sind dagegen für den Einzelnen eher diffus. Das prägt die politischen Anreize im Handelskrieg. Die Regierung verhängt Schutzzölle dort, wo sie bei den Benachteiligten am meisten Stimmen mobilisieren kann. Die geschädigten Handelspartner antworten mit Vergeltungszöllen dort, wo sie den politischen Chancen der Regierung maximal schaden. Der gemeinsame Vorteil für alle zusammen bleibt dabei auf der Strecke.

Quelle
Fajgelbaum, P. D., Goldberg, P. K., Kenned, P. J., & Khandelwal, A. K. (2020). The return to protectionism. *The Quarterly Journal of Economics, 135*(1), 1–55.

Die meisten Ökonomen sind von den Vorteilen des Freihandels überzeugt. Er steigert den Wohlstand. Ein Abbau von Handelsschranken verschafft den Exportunternehmen neue Wachstumschancen durch leichteren Zugang zu grösseren

S. Fontanet (✉)
Universität St. Gallen, St. Gallen, Schweiz
E-Mail: sara.fontanet@student.unisg.ch

© Der/die Autor(en) 2024

C. Keuschnigg (Hrsg.), *Im Brennpunkt der Wirtschaftspolitik*,
https://doi.org/10.1007/978-3-658-44415-0_12

Märkten. Die Konsumenten profitieren von einer grösseren Vielfalt von Gütern zu niedrigeren Preisen. Allerdings gibt es auch Verlierer des Freihandels, wie zum Beispiel Unternehmen und ihre Arbeitnehmer in Branchen, die unter starker Importkonkurrenz leiden. Während andere profitieren, müssen sie Lohnrückgänge oder sogar Arbeitsplatzverluste hinnehmen. Oft sind die Handelsgewinne ungleich verteilt und die Verlierer werden nicht ausreichend entschädigt.

Die Kritik am Freihandel hat zugenommen. Auch Regierungen, welche den Freihandel bisher stets vorangetrieben hatten, greifen zu protektionistischen Massnahmen wie Zöllen oder Quoten. Besonders problematisch ist es, wenn Länder in einen Handelskrieg geraten. Beginnt ein Land, Beschränkungen für ausgewählte Importe zu verhängen, folgen in der Regel Vergeltungsreaktionen der betroffenen Länder. Schaukeln sich protektionistische Massnahmen auf und sind immer mehr Produkte von Zöllen und anderen Handelsbeschränkungen betroffen, kann der Handel drastisch einbrechen. Der Handelskrieg zwischen den USA und ihren Handelspartnern in den letzten Jahren ist ein prominentes Beispiel dafür.

Wie gross sind die Verluste für die Gesamtwirtschaft? Wer sind die Verlierer und Gewinner des Protektionismus? Die Ökonomen Pablo Fajgelbaum, Pinelopi Goldberg, Patrick Kennedy und Amit Khandelwal von den Universitäten Princeton, Yale, Berkeley und Colombia geben Antworten. Sie analysieren, wie der jüngste Handelskrieg der USA Preise und Handelsvolumen beeinflusste und wie er sich auf die Gesamtwirtschaft auswirkte.

Im Februar 2018 führte die US-Regierung eine Reihe protektionistischer Massnahmen ein. Sie erhöhte die Zölle auf den Import von Sonnenkollektoren und Waschmaschinen. Darauf folgten bald weitere Importzölle auf Eisen-, Aluminium- und Stahlprodukte. Insgesamt erhöhten die USA ihre Zölle auf über 12 000 Importgüter mit einem Handelsvolumen von rund 300 Mrd. US$ von 2,6 auf 16,6 %. Darauf reagierten wichtige Handelspartner mit Vergeltungsmassnahmen. Sie erhöhten die Zölle auf über 8700 Exportgüter, welche 8,2 % der US-Exporte ausmachen, von 7,3 auf 20,4 %. Der Handelskrieg verringerte Exporte und Importe erheblich. Der Werte der amerikanischen Importe der mit höheren Zöllen verteuerten Produkte nahm durchschnittlich um 31,7 % ab. Die Vergeltungszölle führten dazu, dass der Wert der amerikanischen Exporte der betroffenen Produkte um 9,9 % zurückging.

In den mit in- und ausländischen Zöllen belegten Branchen gingen die Importe um 31,7 % zurück, und die Exporte um 9,9 %.

Jeder Zoll treibt einen Keil zwischen dem Preis, welchen ein Importeur bezahlt, und jenem Preis, welchen der Exporteur erhält. Die Differenz geht an den Staat. In ihrer Studie stellen die Forscher fest, dass die ausländischen Unternehmen nach der Zollerhöhung die Preise ihrer Exporte in die USA nicht senken konnten. Angesichts unveränderter Stückkosten in ihren Heimatländern mussten sie die Zölle auf die amerikanischen Konsumenten überwälzen. Die Konsumenten müssen für die Importgüter höhere Preise bezahlen und sind die Hauptverlierer des Handelskrieges. Die Forscher schätzen die Einkommensverluste der amerikanischen Konsumenten infolge höherer Zölle. Diese hängen in erster Linie vom Anteil der Importe an der Wertschöpfung (15 %), vom Anteil der mit höheren Zöllen belegten US-Importe (13 %), und vom durchschnittlichen Anstieg der Importpreise (14 %) ab.

Die höheren Importzölle wurden vollständig auf die amerikanischen Konsumenten überwälzt. Dadurch erlitten sie im Vergleich zu 2016 einen realen Einkommensverlust von ca. 51 Mrd. US$ bzw. 0,27 % des BIP.

Den Mehrkosten der Konsumenten stehen allerdings die Gewinne der inländischen Produzenten, die von höheren Preisen profitieren, sowie die höheren Zolleinnahmen des Staates gegenüber. Netto verbleibt daher ein deutlich geringerer Nettoeinkommensverlust von insgesamt 7,2 Mrd. US$ oder 0,04 % des BIP.

Grundsätzlich begünstigt Freihandel die Arbeitnehmer in den exportorientierten Sektoren und schadet jenen, die in den importkonkurrierenden Sektoren arbeiten, auch wenn die Vorteile insgesamt überwiegen. Umgekehrt führt ein Handelskrieg insgesamt zu Einkommensverlusten. Die Folgen unterscheiden sich jedoch erheblich je nach Branche und Region. Die Arbeitenden und Unternehmen in den importkonkurrierenden Branchen profitieren von Handelsbeschränkungen. Diese schützen die Firmen vor der Konkurrenz durch ausländische Importe, was sich letztlich in höheren Preisen und in der Folge in höheren Nominal- und Reallöhnen der Arbeitnehmer widerspiegelt. Gleichzeitig verteuern höhere Zölle importierte Vorleistungen, welche in der Produktion eingesetzt werden, wie z. B. Stahl oder Aluminium im Automobilbau. In Branchen, die solche Vorleistungen intensiv nutzen, gehen Gewinne und Reallöhne meist zurück.

Zudem betonen die Forscher, dass in einem Handelskrieg die Zölle gezielt eingesetzt werden und sich daher der Anstieg der Zölle stark je nach Produkten und Branchen unterscheidet. Tatsächlich sind einige Branchen durch Einfuhrzölle stark geschützt, während andere stark von ausländischen Vergeltungszöllen betroffen sind. Diese Unterschiede führen dazu, dass einzelne Regionen (Bezirke) abhängig von der Spezialisierung ihrer Wirtschaft unterschiedlich stark vom Handelskrieg betroffen sind. Abb. 1 zeigt die politische Dimension des Handelskriegs auf. Tatsächlich konnte das Forscherteam zeigen, dass die Importzölle vor allem auf Produkte ausgerichtet waren, die in Bezirken mit geringem Wähleranteil der Republikaner oder mit knappen politischen Mehrheitsverhältnissen hergestellt werden. Offensichtlich hoffte die republikanisch dominierte U.S. Regierung, mit Schutzzöllen zusätzliches Wählerpotenzial zu mobilisieren. Dagegen zielten ausländische Vergeltungszölle hauptsächlich auf jene Branchen ab, die in republikanisch dominierten Bezirken konzentriert sind. Offensichtlich versuchten China und andere geschädigte Handelspartner mit gezielten Vergeltungszöllen der republikanischen Regierung maximal zu schaden.

Für jeden Bezirk sind die Veränderungen der amerikanischen Importzölle (Schutzzölle) sowie der ausländischen Zölle (Vergeltungszölle) dargestellt. Die Zölle sind mit der Handelsstruktur des jeweiligen Bezirks gewichtet und entsprechen dem typischen Zoll, den Konsumenten und Unternehmen dort bezahlen. Dem gegenüber steht der Wähleranteil des republikanischen Kandidaten bei

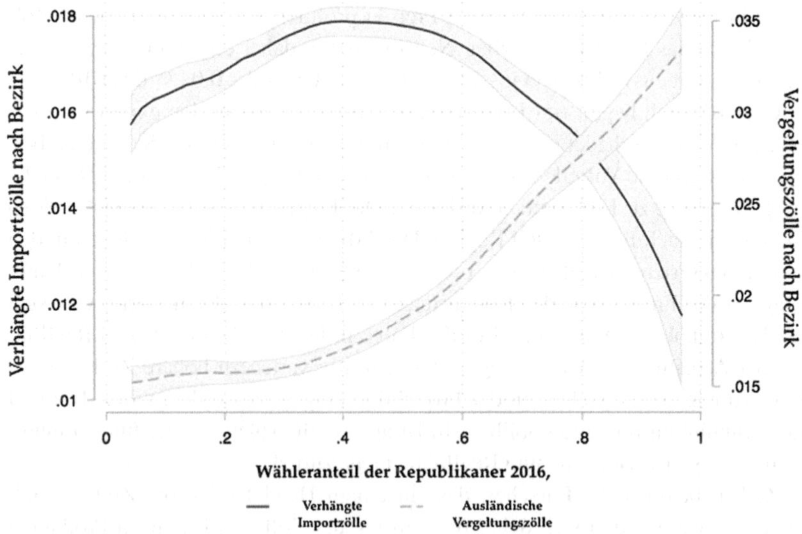

Abb. 1 Zolländerungen im Handelskrieg und Stimmenanteil der Republikaner. (Quelle: Fajgelbaum u. a., (2020), S. 50)

der Präsidentschaftswahl 2016. Bei den Importzöllen wird deutlich, dass Bezirke mit einem republikanischen Stimmenanteil von 40–60 % mehr Schutz erhielten. Diese Zölle begünstigen Branchen, die hauptsächlich in politisch umkämpften Bezirken angesiedelt sind. Im Gegensatz dazu führten die Handelspartner Vergeltungszölle so ein, dass sie Exporte in Sektoren belasten, die stark in republikanischen Bezirken konzentriert sind.

Importzölle begünstigen politisch umkämpfte Bezirke. Vergeltungszölle treffen vor allem Bezirke mit hohem republikanischen Wähleranteil.

Die Forscher argumentieren, dass dieses Phänomen der „Logik der Mehrheit" folgt. Politiker neigen dazu jene Wähler zu begünstigen, die sich bei Wahlen als entscheidend erweisen. Deshalb gestalten sie die Handelspolitik so, dass Wähler in Bezirken mit knappen politischen Mehrheitsverhältnissen davon profitieren. Die ausländischen Vergeltungszölle hingegen betrafen überproportional landwirtschaftlich geprägte Bezirke mit hohem republikanischen Wähleranteil. Arbeitnehmer in exportorientierten Branchen in solchen Bezirken waren besonders negativ von den Vergeltungsmassnahmen betroffen.

Open Access Dieses Kapitel wird unter der Creative Commons Namensnennung 4.0 International Lizenz (http://creativecommons.org/licenses/by/4.0/deed.de) veröffentlicht, welche die Nutzung, Vervielfältigung, Bearbeitung, Verbreitung und Wiedergabe in jeglichem Medium und Format erlaubt, sofern Sie den/die ursprünglichen Autor(en) und die Quelle ordnungsgemäß nennen, einen Link zur Creative Commons Lizenz beifügen und angeben, ob Änderungen vorgenommen wurden.

Die in diesem Kapitel enthaltenen Bilder und sonstiges Drittmaterial unterliegen ebenfalls der genannten Creative Commons Lizenz, sofern sich aus der Abbildungslegende nichts anderes ergibt. Sofern das betreffende Material nicht unter der genannten Creative Commons Lizenz steht und die betreffende Handlung nicht nach gesetzlichen Vorschriften erlaubt ist, ist für die oben aufgeführten Weiterverwendungen des Materials die Einwilligung des jeweiligen Rechteinhabers einzuholen.

Wozu teure Ursprungsregeln im Handel?

Manuel J. Ammann und Timon Jaeggi

Relevanz

Der Freihandel hat es schwer. So wollen z. B. Kanada und die EU mit dem Freihandelsabkommen CETA den gegenseitigen Handel mit reduzierten Zöllen begünstigen und ihre Wirtschaft beleben. Andere Handelspartner bleiben aussen vor. Ein Ursprungsnachweis soll verhindern, dass Unternehmen aus Drittstaaten mit Umgehungsgeschäften die Vorzugszölle ausnutzen. In den meisten Fällen sind jedoch solche Umgehungsgeschäfte ohnehin nicht profitabel, weil die zusätzlichen Transport-, Vertrags- und Rechtskosten wesentlich grösser sind als die Zollvorteile. Wozu braucht es dann einen teuren Ursprungsnachweis? Was auf alle Fälle bleibt, sind die hohen Bürokratie- und Verwaltungskosten, die erst wieder neue Handelskosten für die bevorzugten Handelspartner schaffen und am Ende die Preise zum Nachteil der Konsumenten erhöhen. Wem ist da gedient?

Quelle

Felbermayr, G., Feodora, T., & Yalcin, E. (2019). Rules of origin and the profitability of trade deflection. *Journal of International Economics, 121,* 103248.

Immer wieder sind Handelsverträge ein Streitpunkt: Ob Brexit oder Trump, die Wiedereinführung oder Anhebung von Zöllen stand zuletzt oft ganz oben auf der

M. J. Ammann · T. Jaeggi (✉)
Universität St. Gallen, St. Gallen, Schweiz
E-Mail: timon.jaeggi@student.unisg.ch

M. J. Ammann
E-Mail: manuel.ammann@student.unisg.ch

© Der/die Autor(en) 2024

C. Keuschnigg (Hrsg.), *Im Brennpunkt der Wirtschaftspolitik,*
https://doi.org/10.1007/978-3-658-44415-0_13

politischen Agenda. Ein Gegenpol dazu sind Freihandelsabkommen. Das sind Verträge zwischen zwei oder mehreren Staaten, welche es den Unternehmen des exportierenden Landes ermöglichen, ihre Produkte mit Vorzugszollsätzen in das importierende Land einzuführen. Das sogenannte «Umfassende Wirtschafts- und Handelsabkommen EU-Kanada», kurz CETA, ist ein EU-kanadisches Freihandelsabkommen, welches beispielsweise 99 % aller Zölle zwischen den Handelspartnern beseitigt.

Bei einem Freihandelsabkommen besteht aber das Problem, dass Exporteure aus Drittstaaten versuchen können, die Vorzugszollsätze ausnutzen. Statt die Güter direkt an die Käufer zu liefern, verkaufen sie ihre Produkte zuerst in ein anderes Land, welches mit dem Bestimmungsstaat ein Freihandelsabkommen hat. Dann exportieren sie es von dort weiter und profitieren von niedrigeren Zöllen. Die EU erhebt beispielsweise einen Aussenzoll von 25 % auf Weizen aus den USA, während Weizen aus Kanada im Rahmen des CETA zollfrei in die EU exportiert werden kann. Weil Exporte von US-Weizen nach Kanada zollfrei sind, ist es für Weizenhersteller aus den USA unter Umständen lohnend, ihre Produkte zuerst nach Kanada und erst danach in die EU zu transportieren. Dadurch können sie den Zoll von 25 % umgehen. Um solche Umgehungsgeschäfte zu verhindern, sehen Freihandelsabkommen sogenannte Ursprungsregeln vor. Sie definieren, welche Bedingungen ein Produkt erfüllen muss, damit ein Mitglied des Freihandelsabkommens als Ursprungsland gilt. Typischerweise gilt ein Land erst dann als Ursprungsland, wenn mehr als die Hälfte der gesamten Wertschöpfung eines Produkts dort geleistet wird.

Die Einhaltung solcher Ursprungsregeln ist oftmals sehr kostspielig. Generell betragen die Kosten dafür zwischen drei und 15 % des Endverkaufspreises eines Produkts. Einerseits stellen die detaillierten Kriterien eine hohe administrative Hürde dar. Unternehmen müssen anspruchsvolles juristisches Knowhow aufbauen, um die Auflagen zu erfüllen. Andererseits sehen sich Exporteure aufgrund vieler Freihandelsabkommen mit unterschiedlichen Ursprungsregeln konfrontiert. Nicht selten widersprechen sich einzelne Auflagen. Schliesslich verzerren die Auflagen die Beschaffungsvorgänge der Unternehmen: Ein Autohersteller zum Beispiel muss die Herkunft sämtlicher Rohstoffe all seiner Zulieferer kennen. Statt dass Produzenten ihre Lieferanten nach Qualitäts- und Kostenkriterien auswählen, werden sie in ihrer Entscheidung durch die Ursprungsregeln eingeschränkt. Dadurch ist es für manche Unternehmen günstiger, auf die Vorzugsbehandlung zu verzichten und den Standardzollsatz zu zahlen, statt einen aufwendigen Ursprungsnachweis zu erbringen, um von den tieferen Vorzugszöllen zu profitieren. So werden in gewissen Fällen nur gerade zwei Drittel jener Produkte, welche im Freihandelsabkommen begünstigt sind, tatsächlich mit dem bevorzugten Zoll exportiert.

Die Kosten für die Einhaltung von Ursprungsregeln liegen zwischen 3 und 15 % des Endverkaufspreises. In gewissen Fällen werden dadurch gerade mal zwei Drittel der berechtigten Produkte mit vergünstigten Zöllen exportiert.

Machen solche Auflagen, welche die Nutzung von Freihandelsabkommen durch die Unternehmen erschweren, überhaupt Sinn? Wenn Umgehungsgeschäfte ohnehin aus anderen Gründen unrentabel sind, dann braucht es keine aufwendigen und kostspieligen Ursprungsregeln zur Verhinderung von Umgehungsgeschäften. Um die Frage zu beantworten, untersucht das Forscherteam rund um Gabriel Felbermayr, Präsident des Instituts für Weltwirtschaft in Kiel, ob für Unternehmen die Umgehung von höheren Zöllen durch Umlenkungsgeschäfte tatsächlich profitabel ist.

Zu diesem Zweck verwenden die Forscher einen Datensatz mit Informationen zu produktspezifischen Zöllen in den USA aus dem Jahr 2014. Für jede Kombination aus Länderpaar, Produkt und Umlenkungsstaat berechnen sie, ob ein Umgehungsgeschäft profitabel wäre. Dabei berücksichtigen sie die Transportkosten, welche sie anhand eines einfachen Modells schätzen.

Die empirischen Ergebnisse machen deutlich, dass Handelsumlenkung meist unprofitabel ist. Selbst unter der sehr konservativen Annahme, dass keine zusätzlichen Transportkosten entstehen, sind 83 % aller möglichen Umlenkungsgeschäfte nicht gewinnbringend. Die Ursachen dafür sind vielfältig: 18 % aller Transaktionen sind deshalb nicht profitabel, da der Bestimmungsstaat für das Umlenkungsland denselben Zoll erhebt wie für das Exportland (vgl. Abb. 1). In

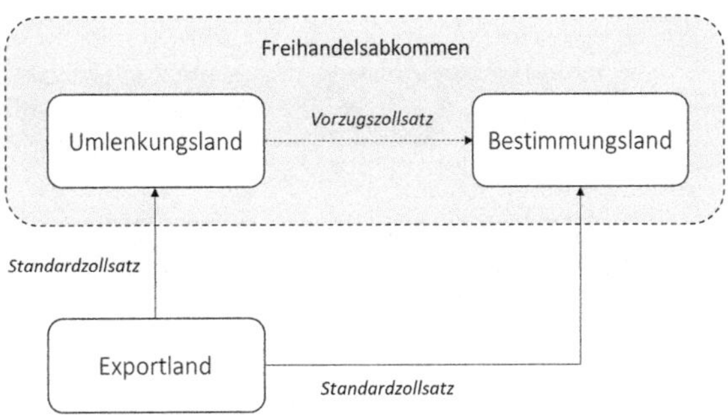

Abb. 1 Handelsumlenkung. (Quelle: Eigene Darstellung)

63 % sind Zölle für das Umlenkungsland sogar höher. Im einleitenden Beispiel zum Weizenhandel würde dies bedeuten, dass der Zoll der EU für kanadischen Weizen gleich hoch oder höher ist, wie der auf US-Weizen (25 %). Bei zwei Prozent der möglichen Transaktionen sind die Zölle zwar tiefer. Dieser Unterschied reicht aber nicht aus, um die zusätzlich anfallenden Zölle im Umlenkungsland zu kompensieren. Dies wäre im Weizen-Beispiel der Fall, wenn Kanada 15 % Zölle auf US-Weizen verhängt und die EU einen ähnlich hohen Tarif auf Weizen aus Kanada erhebt. Der resultierende Gesamtzoll bei Umlenkung (ca. 30 %) wäre höher als der Zoll eines direkten Exports von den USA in die EU (25 %). Folglich wäre der direkte Transportweg lukrativer. Berücksichtigt man die zusätzlichen Transportkosten, ist ein noch grösserer Anteil der Umlenkungsgeschäfte unprofitabel, nämlich 93 %. Das bedeutet, dass in 10 % (93–83 %) der Fälle zwar Zolleinsparungen möglich wären, diese aber durch höhere Transportkosten mehr als aufgehoben werden. Abb. 2 fasst die Resultate zusammen.

Im Jahr 2014 waren Handelsumlenkungen in 83 % der Fälle nicht profitabel. Berücksichtigt man ausserdem die zusätzlich anfallenden Transportkosten, lohnten sich 93 % der möglichen Umlenkungsgeschäfte nicht.

Insgesamt zeigen die Forschungsergebnisse, dass Handelsumlenkung selten profitabel ist. Ein wichtiger Grund dafür ist, dass Staaten, die nahe beieinander liegen, sehr häufig ähnliche Zölle für dasselbe exportierende Drittland erheben. Deshalb sind gewinnbringende Umlenkungsgeschäfte meist nur zwischen weit

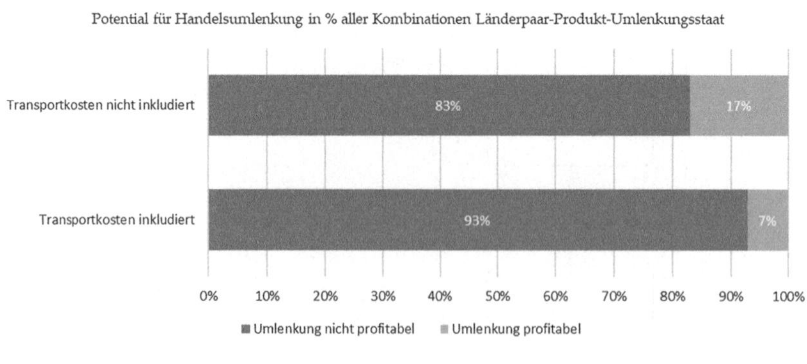

Abb. 2 Potential für Handelsumlenkung. (Quelle Felbermayr u. a., 2019, S. 8)

auseinanderliegenden Ländern möglich. Allerdings gehen mit grossen Umwegen höhere Transportkosten einher, weshalb sich eine Umlenkung dann kaum lohnt.

In welchen Branchen ist das Potenzial für Handelsumlenkung am grössten? Die Ergebnisse zeigen, dass Umlenkungsgeschäfte am ehesten in der Landwirtschaft sowie im Handel mit Papier und Kunst attraktiv sind. Dagegen bietet der Handel mit Maschinen sowie mit mineralischen, hölzernen und elektronischen Produkten kaum Gelegenheiten, Zölle einzusparen.

Handelsumlenkung ist oft nicht profitabel, da Staaten ähnlich hohe Zölle erheben und die zusätzlich anfallenden Transportkosten nicht vernachlässigbar sind.

Die Forscher beschränken sich in ihren Schätzungen auf die zwanzig wichtigsten Exportländer. Um zu vermeiden, dass dieser Fokus die Ergebnisse verzerrt, führten sie alternative Berechnungen durch. Doch selbst dann sind noch zwischen einem Drittel und 55 % der betrachteten Umlenkungsgeschäfte unprofitabel. Werden die Transportkosten berücksichtigt, steigen diese Werte allerdings deutlich auf 49 bis 75 %. Die Ergebnisse der Studie können als konservative Schätzungen betrachtet werden, da sie lediglich Transportkosten berücksichtigen, aber z. B. Wechselkursrisiken oder zusätzliche Verwaltungs- und Vertragskosten vernachlässigen.

Für die Unternehmen lohnen sich Umgehungsgeschäfte in nur etwa sieben Prozent der möglichen Fälle. Die Wissenschafter ziehen daraus den Schluss, dass umfassende und kostspielige Ursprungsregeln kaum zu rechtfertigen sind. Wenn Umgehungsgeschäfte schon aus anderen Gründen unrentabel sind, braucht man sie nicht mit Ursprungsregeln zu verhindern. Dennoch sind selbst in modernen Handelsabkommen wie jenem zwischen der EU und Kanada (CETA) hunderte Seiten der Definition von Ursprungsregeln gewidmet. Die Autoren schlagen vor, die Ursprungsregeln weitgehend zu lockern oder nur diejenigen Fälle einzubeziehen, die tatsächlich ein bedeutsames Umlenkungspotenzial aufweisen.

Open Access Dieses Kapitel wird unter der Creative Commons Namensnennung 4.0 International Lizenz (http://creativecommons.org/licenses/by/4.0/deed.de) veröffentlicht, welche die Nutzung, Vervielfältigung, Bearbeitung, Verbreitung und Wiedergabe in jeglichem Medium und Format erlaubt, sofern Sie den/die ursprünglichen Autor(en) und die Quelle ordnungsgemäß nennen, einen Link zur Creative Commons Lizenz beifügen und angeben, ob Änderungen vorgenommen wurden.

Die in diesem Kapitel enthaltenen Bilder und sonstiges Drittmaterial unterliegen ebenfalls der genannten Creative Commons Lizenz, sofern sich aus der Abbildungslegende nichts anderes ergibt. Sofern das betreffende Material nicht unter der genannten Creative Commons Lizenz steht und die betreffende Handlung nicht nach gesetzlichen Vorschriften erlaubt ist, ist für die oben aufgeführten Weiterverwendungen des Materials die Einwilligung des jeweiligen Rechteinhabers einzuholen.

Ist Handel ansteckend oder stabilisierend?

Tabea Mündlein

Relevanz

Handel ist ansteckend. Ist eine Region im Boom, dann profitieren in anderen Regionen die Exporteure von Konsumgütern und die Zulieferer. Dank intensiver Handelsbeziehungen können auch sie am Boom teilhaben und mehr Beschäftigung und Wachstum erzielen. In der Krise passiert das Gegenteil. Starke Handelsverflechtungen führen zu einer Ausbreitung der Rezession. Am Ende sitzen jedoch alle in einem Boot. Im Boom fliesst Kaufkraft ab und stärkt in anderen Regionen einen schwächeren Konjunkturgang. Stürzt eine Region in die Rezession, tragen andere Bundesstaaten, die noch wenig betroffen sind und das besser verkraften können, den Einbruch mit. So kann ein Handelsraum sich gegenseitig stützen und insgesamt die Konjunkturschwankungen dämpfen.

Quelle

Stumpner, S. (2019). Trade and the geographic spread of the great recession. *Journal of International Economics, 119,* 169–180.

Die Finanzkrise von 2007–2009 begann mit der Krise am US-Immobilienmarkt und erfasste die gesamte Weltwirtschaft. Auch innerhalb grosser Länder gibt es erhebliche Unterschiede, wie rasch und wie stark sich eine Krise ausbreitet. Nach dem Absturz der Boom-Regionen in den USA, in denen die Immobilienpreise und der Konsum zuvor besonders stark gewachsen waren, breitete sich die Ar-

T. Mündlein (✉)
Universität St. Gallen, St. Gallen, Schweiz
E-Mail: tabea.muendlein@unisg.ch

© Der/die Autor(en) 2024

C. Keuschnigg (Hrsg.), *Im Brennpunkt der Wirtschaftspolitik,*
https://doi.org/10.1007/978-3-658-44415-0_14

beitslosigkeit schließlich auf das ganze Land aus. Welche Mechanismen befördern die Ausbreitung solcher Schocks auf eine ganze Volkswirtschaft? Welche Rolle spielt der Handel?

Sebastian Stumpner, Ökonom an der Universität Montréal und bei der Banque de France, untersuchte am Beispiel der Finanzkrise in den USA, wie die Handelsverflechtungen zur Ausbreitung von einem anfänglich regionalen Nachfrageeinbruch beigetragen haben. Zu Beginn der Krise stieg die Arbeitslosigkeit vor allem dort, wo die Immobilienblase früh platzte, die Haushalte hoch verschuldet waren und daher den Konsum besonders stark einschränken mussten. Danach nahm die Arbeitslosigkeit im ganzen Land zu. Eine wichtige Rolle für die Ausbreitung der Krise spielte der Handel zwischen den Bundesstaaten.

Um die Bedeutung des Handels für die Ausbreitung der Rezession nachzuweisen, nutzte der Ökonom die Unterschiede in den Handelsverflechtungen. Manche Branchen in einem Bundesstaat exportierten stark in andere Regionen, die von der Immobilienkrise besonders heftig betroffen waren. Andere exportierten dagegen in weniger betroffene Absatzmärkte mit noch guter Konjunktur. Der Vergleich dieser Branchen erlaubt es, die Rolle des Handels von anderen Ausbreitungskanälen wie z. B. einer Kreditklemme zu trennen. Der Forscher verwendet Daten aus offiziellen Statistiken zu Handelsströmen zwischen den US-Bundesstaaten. Diese umfassen den direkten Handel mit Endprodukten für die Konsumenten wie auch die Lieferungen von Zwischenprodukten in der Wertschöpfungskette.

Für jede Branche in jedem US-Bundesstaat berechnet Sebastian Stumpner ein Maß für den Einbruch der Handelsnachfrage. Dieser Handelsschock ergibt sich aus einem gewichteten Durchschnitt der Haushaltsverschuldung in allen Handelspartnern innerhalb der USA. Denn in Regionen, wo die Hauspreise während der Immobilienblase stark anstiegen, konnten Hausbesitzer neue Schulden aufnehmen und damit ein besonders starkes Konsumwachstum finanzieren. Diese neuen Schulden waren mit dem höheren Wert ihrer Häuser besichert. Regionen, die vor der Krise 2007 von einem Nachfrageboom durch hochverschuldete Konsumenten profitierten, waren mit dem Absturz der Immobilienpreise von einen besonders starken Nachfrageeinbruch betroffen. Branchen, die mit solchen Regionen umfangreichen Handel betrieben, mussten daher einen wesentlich stärkeren Rückgang ihrer Handelsnachfrage hinnehmen als andere.

Branchen, die viel in besonders volatile Regionen exportieren, verzeichnen höhere Schwankungen in ihrer Handelsnachfrage. Dies hat starke Aus-

wirkungen auf die Beschäftigung. Erfährt eine Branche einen stark positiven (negativen) Nachfrageschock im Handel, steigt (sinkt) das Beschäftigungswachstum in dieser Branche um 2,9 Prozentpunkte.

Das Hauptergebnis der Studie ist, dass der Handel eine wichtige Rolle als Treiber der Ausbreitung spielt. Exportiert eine Branche besonders stark in andere Bundesstaaten, deren Nachfrage aufgrund der Immobilienkrise einbricht, so nimmt dort das Beschäftigungswachstum signifikant stärker ab als in Branchen, deren Handelspartner von der Krise weitgehend verschont wurden. Die empirischen Schätzungen zeigen, dass das Beschäftigungswachstum in einer Branche um durchschnittlich 2,9 Prozentpunkte fällt, wenn diese von einem überdurchschnittlich hohen Rückgang der Handelsnachfrage (um eine Standardabweichung) betroffen ist. Nachdem die Beschäftigung von 2007 bis 2009 um durchschnittlich 8 % schrumpfte, ist dieser Rückgang ökonomisch bedeutsam. Insgesamt lassen sich rund 18 % aller Unterschiede im Beschäftigungswachstum der betrachteten Branchen und Bundesstaaten auf Unterschiede in den Handelsverflechtungen zurückführen.

Der Handel spielt bei der Ausbreitung von wirtschaftlichen Krisen eine zentrale Rolle. Der Rückgang der Handelsnachfrage erklärt ungefähr 18 % der Unterschiede im Anstieg der Arbeitslosigkeit während der Finanzkrise.

Gilt dieser Zusammenhang nur in Krisen oder über den gesamten Konjunkturzyklus? Abb. 1 zeigt, wie sich ein überdurchschnittlich hoher Handelsnachfrageschock über einen Zeitraum von zehn Jahren auf das Beschäftigungswachstum auswirkt. Die vertikalen Linien stellen wichtige Ereignisse vor und während der Finanzkrise dar: (i) Höhepunkt der Immobilienblase; (ii) Insolvenz der Investmentbank Lehman Brothers im September 2008; und (iii) Monat, in dem die Arbeitslosenquote in den USA mit 10 % ihren Höhepunkt erreichte. Bis Ende 2007 profitierten die Branchen, die überdurchschnittlich stark in Bundesstaaten lieferten, deren Nachfrage wegen des Immobilienbooms expandierte. Diese Branchen konnten dank des positiven Handelsschocks ihre Exporte besonders stark steigern und daher ein hohes Beschäftigungswachstum erzielen.

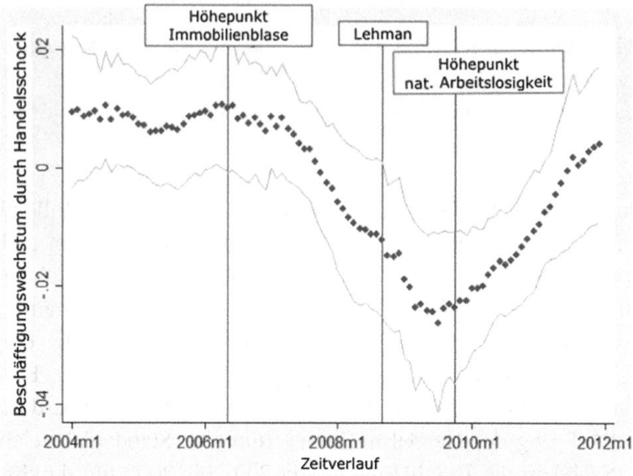

Abb. 1 Übertragung von Boom und Rezession durch den Handel. (Quelle: Stumpner (2019), S. 175)

Erlebt eine Region einen Nachfrageboom, können andere Regionen dank intensiver Handelsbeziehungen davon profitieren. Exportorientierte Branchen, die besonders viel in die boomende Region liefern, erzielen ein stärkeres Umsatz- und Beschäftigungswachstum.

Nach dem Platzen der Immobilienblase kehrte sich dieser Effekt um und wandelte sich in einen negativen Handelsschock. Die hochverschuldeten Bundesstaaten schlitterten in die Rezession und erlitten einen starken Nachfrageeinbruch. Die stärkere Handelsverflechtung der exportorientierten Branchen mit den betroffenen Regionen wurde nun den anderen Bundesstaaten zum Verhängnis. Die abnehmenden Exporte führten dort zu Beschäftigungsverlusten und trugen zum Anstieg der Arbeitslosigkeit bei. Mit dem Abflauen der Immobilienkrise und dem Beginn der Erholung im Jahr 2009 schwächte sich der negative Handelsschock wieder ab und verschwand schließlich gänzlich. Mit den anziehenden Exporten konnte sich auch das Beschäftigungswachstum wieder erholen.

Die Ergebnisse zeigen, dass die Handelsverflechtungen zwischen den Bundesstaaten für die Übertragung von Konjunkturschwankungen eine bedeutende Rolle spielen. Sie trugen wesentlich zur Ausbreitung der Rezession während der Finanzkrise bei. So führte die Finanzkrise auch in anderen Bundesstaaten zu einem Anstieg der Arbeitslosigkeit, die intensive Handelsbeziehungen zu den betroffenen Regionen aufweisen. Umgekehrt konnten sie im vorausgehenden Boom überdurchschnittlich stark profitieren.

Open Access Dieses Kapitel wird unter der Creative Commons Namensnennung 4.0 International Lizenz (http://creativecommons.org/licenses/by/4.0/deed.de) veröffentlicht, welche die Nutzung, Vervielfältigung, Bearbeitung, Verbreitung und Wiedergabe in jeglichem Medium und Format erlaubt, sofern Sie den/die ursprünglichen Autor(en) und die Quelle ordnungsgemäß nennen, einen Link zur Creative Commons Lizenz beifügen und angeben, ob Änderungen vorgenommen wurden.

Die in diesem Kapitel enthaltenen Bilder und sonstiges Drittmaterial unterliegen ebenfalls der genannten Creative Commons Lizenz, sofern sich aus der Abbildungslegende nichts anderes ergibt. Sofern das betreffende Material nicht unter der genannten Creative Commons Lizenz steht und die betreffende Handlung nicht nach gesetzlichen Vorschriften erlaubt ist, ist für die oben aufgeführten Weiterverwendungen des Materials die Einwilligung des jeweiligen Rechteinhabers einzuholen.

Beschäftigung und Arbeitsmarkt

Wie die Arbeitslosenversicherung die Wirtschaft stabilisiert

Isabella Maassen

Relevanz
Die Arbeitslosenversicherung schützt die Arbeitenden vor grösseren Einkommensausfällen in der Rezession und hilft, den Wohlstand über die Zeit zu glätten. Sie ist auch ein wichtiger automatischer Stabilisator, der die Konjunkturschwankungen dämpft. Gerade die Arbeitslosen haben häufig eine hohe Konsumquote und geben in der Rezession jedes zusätzliche Einkommen aus. Die Absicherung der Einkommen stützt zudem die Kreditfähigkeit der Haushalte. Eine solide finanzierte Arbeitslosenversicherung stabilisiert die Konsumnachfrage und festigt die Widerstandskraft der Wirtschaft.

Quelle
Di Maggio, M., & Kermani, A. (2017). *Unemployment insurance as an automatic stabilizer: The Financial Channel,* Harvard Business School Finance Working Paper.

In einer Rezession verlangsamt sich das Wachstum, die Nachfrage bricht ein, Unternehmen entlassen Mitarbeiter und die Finanzmärkte stocken. Konjunkturpakete sollen die negativen Auswirkungen mildern. Während der grossen Wirtschaftskrise 2008 setzten Regierungen weltweit auf zusätzliche öffentliche Investitionen, Steuersenkungen, oder Erleichterungen beim Kreditzugang von

I. Maassen (✉)
Universität St. Gallen, St. Gallen, Schweiz
E-Mail: isabella.maassen@student.unisg.ch

© Der/die Autor(en) 2024

C. Keuschnigg (Hrsg.), *Im Brennpunkt der Wirtschaftspolitik,*
https://doi.org/10.1007/978-3-658-44415-0_15

Unternehmen und Haushalten, nicht selten mit Kosten von über 2 % des Bruttoinlandsprodukts.

Dennoch traf die Krise einige Regionen stärker als andere. Unterschiedlich grosse Konjunkturpakete sind dafür eher wenig relevant. Viel stärker von Bedeutung ist die grundlegende Widerstandsfähigkeit einer Volkswirtschaft. Diese hängt stark von der Wirksamkeit automatischer Stabilisatoren ab. Anders als Konjunkturpakete müssen sie nicht erst im Krisenfall aktiviert werden. Sie können automatisch und ohne Verzögerungen die wirtschaftlichen Schwankungen deutlich verringern. Ein besonders wichtiger automatischer Stabilisator ist die Arbeitslosenversicherung.

Mit steigender Arbeitslosigkeit erleiden mehr Haushalte Einkommensverluste. Auch die Jobsuche dauert länger. Deshalb konsumieren sie weniger. Auch jene, die ihren Arbeitsplatz nicht verlieren, leiden unter grösserer Unsicherheit und sparen mehr. In allen Fällen hilft die Arbeitslosenversicherung, die Nachfrage zu stützen: Zum einen erhöht sie das verfügbare Einkommen der Arbeitslosen. Zudem verringert sich das Risiko derer, die Angst um ihren Job haben. Es gibt jedoch auch kontraproduktive Effekte. So kann eine grosszügigere Arbeitslosenunterstützung langfristig auch zu höherer Arbeitslosigkeit führen, wenn sie bei den Arbeitslosen die Intensität der Jobsuche und die Bereitschaft, eine neue Stelle anzunehmen, mindert.

Solche gegenläufigen Auswirkungen erschweren die Überlegungen zur günstigen Ausgestaltung der Arbeitslosenversicherung. Trotz einiger einflussreicher Studien mangelt es nach wie vor an praktischen Orientierungshilfen für politische Entscheidungsträger. Die Ökonomen Marco di Maggio und Amir Kermani von den Universitäten Harvard und Berkeley wollen empirisch die Frage klären, welche Mechanismen der Arbeitslosenversicherung die Stabilität einer Volkswirtschaft verbessern können. Sie untersuchen vor allem den Einfluss auf die Schwankungen der Beschäftigung und des Konsums. Die Arbeitslosenversicherung beeinflusst zudem die Fähigkeit von Haushalten, ihre finanziellen Verpflichtungen zu erfüllen. Daher untersuchen sie auch den Effekt der Arbeitslosenversicherung auf die Verfügbarkeit von Krediten, mit denen die Haushalte ihren Konsum aufrechterhalten können.

Die Forscher nutzen eine Besonderheit der Arbeitslosenversicherung in den USA aus. Die Bundesstaaten können weitgehend selbst bestimmen, wie grosszügig sie die Arbeitslosenunterstützung gestalten. Diese Unterschiede erlauben es di Maggio und Kermani, die Auswirkungen wirtschaftlicher Einbrüche auf lokaler Ebene zu vergleichen. Sie analysieren die Beschäftigungs- und Wirtschaftsentwicklung in Bezirken (Counties), die sich hauptsächlich in ihren Leistungen der Arbeitslosenversicherung unterscheiden, sonst aber sehr ähnlich sind.

Die Forscher verwenden Daten zu Beschäftigung und Arbeitslosenversicherung im Zeitraum 1990 bis 2013. Sie messen die Grosszügigkeit der Arbeitslosenversicherung anhand der Ersatzrate. Diese erfasst, welchen Anteil des früheren Gehalts Arbeitslose nach dem Jobverlust erhalten. Dabei gibt es zwischen den Bundesstaaten starke Unterschiede bei den Ersatzraten, von 190 bis 400 US$ pro Woche. Die durchschnittliche Ersatzrate betrug 36,4 % mit einer Standardabweichung von 3,9 Prozentpunkten, das sind 11 % des Durchschnittswerts.

Wie kann man die Unterschiede in der lokalen Arbeitsnachfrage messen? Die Forscher verwenden dafür das Konzept des «Bartik Schocks». Sie betrachten zunächst die Entwicklung des Arbeitsmarktes auf nationaler Ebene nach Branchen. Dann gewichten sie die branchenspezifische Arbeitsnachfrage mit dem Beschäftigungsanteil der Branche im jeweiligen Bezirk im Jahr 1998. So erhalten sie am Ende ein Mass für die Unterschiede in der lokalen Arbeitsnachfrage. Wenn z. B. landesweit die Beschäftigung in den Dienstleistungsbranchen und in der Industrie um zwei bzw. vier Prozent zurückgeht und in einem Bezirk je die Hälfte der Arbeitnehmer in diesen beiden Branchen tätig sind, dann ergibt dies einen Bartik Schock von minus drei Prozent in diesem Bezirk. Der Vorteil dieses Ansatzes liegt darin, dass die so ermittelte lokale Arbeitsnachfrage nicht durch bezirksspezifische Veränderungen im Arbeitsangebot verfälscht wird. In den Daten variieren die Schocks auf die lokale Arbeitsnachfrage zwischen −6,9 und +3,3 %.

Eine grosszügige Arbeitslosenversicherung kann den Beschäftigungseinbruch in einem wirtschaftlichen Abschwung verringern. Erhöht sich die Ersatzrate von 36,4 auf 40,3 %, sinkt der Einbruch des Beschäftigungswachstums um 9 %. Dies stützt besonders die Beschäftigung in den Dienstleistungsbranchen.

Die Arbeitslosenversicherung hilft, Beschäftigung und Konsum in der Krise zu stützen. Die Wissenschaftler schätzen, dass z. B. ein Rückgang der lokalen Arbeitsnachfrage (gemessen anhand des Bartik Schocks) das Beschäftigungswachstum um 9 % weniger stark verringert, wenn die Ersatzrate der Arbeitslosenversicherung in einem Bezirk um eine Standardabweichung, konkret um 11 %, höher ist. Dieser stützende Beschäftigungseffekt wirkt vor allem bei Dienstleistungen wie Handel und Gastronomie besonders stark, wo eine grosszügige Arbeitslosenunterstützung den lokalen Beschäftigungsrückgang sogar um 16 bis 20 % reduziert. Wenn höhere Ersatzraten den Rückgang des verfügbaren Einkommens abschwächen, müssen selbst Arbeitslose ihren Konsum nicht so stark verringern.

Dies stützt die Nachfrage in einem Abschwung und verringert so den Beschäftigungseinbruch. Denn die Arbeitslosenunterstützung kommt gerade jenen Haushalten mit einer hohen Konsumquote zu Gute, die jedes zusätzliche Einkommen zum grössten Teil ausgeben und nicht ansparen.

Ist die Ersatzrate der Arbeitslosenversicherung um 11 % höher, schwächt sich in einer Rezession der lokale Konsumrückgang bei langlebigen Gütern um 12 % ab, bei Verbrauchsgütern um 6 %.

Die Studie zeigt weiter, dass eine grosszügigere Arbeitslosenunterstützung nach einem lokalen Schock auch den Rückgang des Konsums um durchschnittlich 7 % abschwächt. Dabei fällt der Konsumrückgang bei langlebigen Gütern um bis zu 12 % weniger stark aus, während die Nachfrage nach Verbrauchsgütern um 6 % weniger stark fällt. Alltägliche Konsumausgaben wie z. B. Lebensmittel schwanken also im Konjunkturverlauf nur schwach. Die Anschaffung langlebiger Güter wie z. B. ein neues Auto kann man hingegen in einer Krise leicht auf einen späteren Zeitpunkt verschieben. Da die Konsumnachfrage solcher Güter wesentlich stärker schwankt, kann eine grosszügigere Arbeitslosenunterstützung gerade bei langlebigen Gütern stärker stabilisieren.

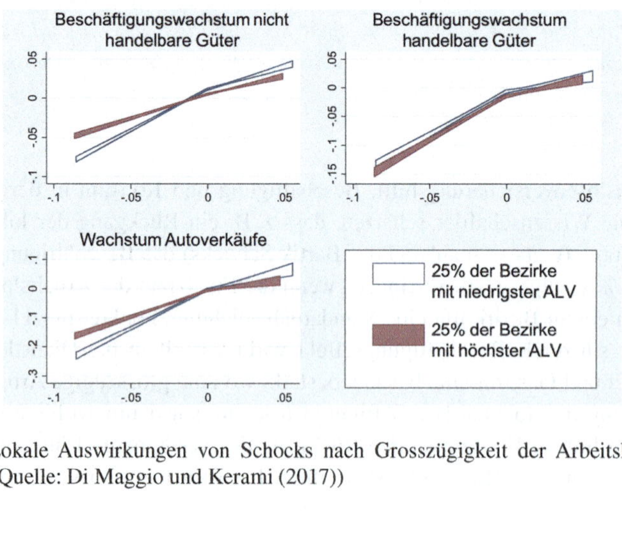

Abb. 1 Lokale Auswirkungen von Schocks nach Grosszügigkeit der Arbeitslosenversicherung. (Quelle: Di Maggio und Kerami (2017))

Abb. 1 veranschaulicht die Ergebnisse. Die horizontale Achse zeigt die lokalen Schocks, wobei der Wert 0 einem normalen Wirtschaftsgang entspricht. Vertikal sind die Wachstumsraten der Beschäftigung – getrennt für nicht handelbare (vorwiegend lokale Dienstleistungen) und handelbare Sektoren – und der Autoverkäufe abgetragen. Die rot schattierten Linien zeigen die Veränderungen in den Top 25 % der Bezirke mit der höchsten Arbeitslosenversicherung (ALV), die blauen nicht schattierten Linien zeigen die Entwicklung in den 25 % der Bezirke mit der tiefsten Versicherung. Es wird deutlich, dass eine grosszügige Arbeitslosenversicherung vor allem die negativen Schocks abfedert, während die Unterschiede zwischen den Bezirken in den Boomphasen gering bleiben. Zudem entfaltet sie die stärksten stabilisierenden Effekte vor allem in den lokalen, nicht handelbaren Branchen und bei langlebigen Verbrauchsgütern wie Autos, während die Unterschiede in den handelbaren Branchen nur schwach signifikant sind.

Welche Rolle spielt der Finanzsektor? Die Forscher stellen fest, dass sich Haushalte in einem wirtschaftlichen Abschwung oft stärker verschulden, z. B. durch höhere Kreditkartenschulden. So können sie ihren Konsum über die Zeit glätten und kurzfristig den Lebensstandard aufrechterhalten. Es zeigt sich aber, dass die Arbeitslosenunterstützung das Verschuldungsverhalten nicht signifikant beeinflusst. Dies deutet darauf hin, dass Haushalte zwar gerne mehr Kredite aufnehmen würden, diese aber während einer Rezession kaum verfügbar sind. Damit fällt der Rückgang des Konsums und der Nachfrage stärker aus, was den Abschwung tendenziell verstärkt. Auch wenn einen Mehrverschuldung nicht möglich ist, kann eine grosszügige Arbeitslosenversicherung zumindest den Rückgang der Kreditvergabe abfedern. Denn Haushalte erleiden trotz Arbeitslosigkeit einen geringeren Einkommensverlust und können so ihren finanziellen Verpflichtungen besser nachkommen. Es fallen weniger Kredite aus. Das Risiko der Kreditgeber sinkt. Sie sind daher eher bereit, die Kreditvergabe aufrecht zu erhalten.

Ein finanzieller Beschleuniger der Rezession entsteht, wenn Haushalte wegen Arbeitslosigkeit Kredite nicht zurückzahlen können. Eine grosszügigere Unterstützung erlaubt ihnen, ihre Verpflichtungen dennoch zu erfüllen und verhindert so hohe Kreditausfälle und einen starken Rückgang der Kreditvergabe.

Die empirische Evidenz macht deutlich, dass höhere Ersatzraten der Arbeitslosenversicherung in einer Rezession eine stabilisierende Wirkung entfalten. Zwei Mechanismen sind dabei zentral: Erstens stützen höhere Ersatzraten das verfügbare

Einkommen und damit Konsum und die Nachfrage. Zweitens können die betroffenen Haushalte eher ihren finanziellen Verpflichtungen nachkommen. Dies senkt das Kreditrisiko und verhindert eine Kreditklemme. Auf beiden Wegen schwächt eine kräftigere Nachfrage den konjunkturbedingten Beschäftigungsrückgang ab.

Open Access Dieses Kapitel wird unter der Creative Commons Namensnennung 4.0 International Lizenz (http://creativecommons.org/licenses/by/4.0/deed.de) veröffentlicht, welche die Nutzung, Vervielfältigung, Bearbeitung, Verbreitung und Wiedergabe in jeglichem Medium und Format erlaubt, sofern Sie den/die ursprünglichen Autor(en) und die Quelle ordnungsgemäß nennen, einen Link zur Creative Commons Lizenz beifügen und angeben, ob Änderungen vorgenommen wurden.

Die in diesem Kapitel enthaltenen Bilder und sonstiges Drittmaterial unterliegen ebenfalls der genannten Creative Commons Lizenz, sofern sich aus der Abbildungslegende nichts anderes ergibt. Sofern das betreffende Material nicht unter der genannten Creative Commons Lizenz steht und die betreffende Handlung nicht nach gesetzlichen Vorschriften erlaubt ist, ist für die oben aufgeführten Weiterverwendungen des Materials die Einwilligung des jeweiligen Rechteinhabers einzuholen.

Unterschätzte Wohlstandsunterschiede: Welche Rolle spielt die Arbeitszeit?

Manuel J. Ammann

Relevanz
Wird in armen Ländern mehr gearbeitet als in reichen? Die vorliegende Studie zeigt erhebliche Arbeitszeitunterschiede zwischen Ländern mit hohem und niedrigem Einkommen auf. Je höher das Pro-Kopf Einkommen, desto kürzer ist die durchschnittliche Wochenarbeitszeit. Bei Wohlstandsvergleichen etwa zwischen Industrie- und Entwicklungsländern blieb dieser Unterschied allerdings meist unberücksichtigt. Dies deutet darauf hin, dass die Produktivitäts- und Wohlfahrtsunterschiede zwischen armen und reichen Ländern deutlich grösser sind, als bisher vermutet. Denn in reichen Ländern erwirtschaften Arbeitnehmer nicht nur ein höheres Einkommen, sie tun dies auch in kürzerer Zeit.

Quelle
Bick, A., Fuchs-Schündeln, N., & Lagakos, D. (2018). How do hours worked vary with income? cross-country evidence and implications. *American Economic Review, 108*(1), 170–199.

Im Juli 2021 hat Island für die Mehrheit aller erwerbstätigen Personen die Arbeitszeit um bis zu fünf Stunden pro Woche verkürzt und damit einen Schritt in Richtung einer Vier-Tage-Woche gemacht. Dies hat die Diskussion um die Arbeitszeitverkürzung neu entfacht. Der nordische Sonderweg soll die Work-Life-Balance der arbeitenden Bevölkerung verbessern. Im Vergleich zu anderen

---

M. J. Ammann (✉)
Universität St. Gallen, St. Gallen, Schweiz
E-Mail: manuel.ammann@student.unisg.ch

© Der/die Autor(en) 2024
C. Keuschnigg (Hrsg.), *Im Brennpunkt der Wirtschaftspolitik*,
https://doi.org/10.1007/978-3-658-44415-0_16

Industriestaaten gehörte Island bereits vorher zu den Ländern mit den wenigsten Arbeitsstunden pro Arbeitskraft.

Die Arbeitszeitverkürzung mag auf den ersten Blick drastisch erscheinen. Allerdings ist sie Teil einer Entwicklung, welche die meisten OECD-Länder schon lange durchlaufen. Allein zwischen 1989 und 2019 ist die durchschnittliche Arbeitszeit um insgesamt 6,8 % gesunken. Von 2019 auf 2020 reduzierte sie sich vor allem aufgrund der Covid-Krise um weitere 3,2 %. Trotz dieser rückläufigen Tendenz, welche in den meisten entwickelten Volkswirtschaften beobachtet wird, gibt es zwischen den Ländern grosse Arbeitszeitunterschiede. Zahlreiche Studien haben diese in der Vergangenheit untersucht. Zumeist beschränkten sie sich jedoch auf reiche Industriestaaten. Für Entwicklungsländer existieren hingegen nur wenige Studien. Ein Grund dafür ist, dass in ärmeren Ländern landwirtschaftliche Tätigkeiten üblicherweise einen grossen Teil der Arbeit ausmachen. Häufig handelt es sich dabei um selbstständige oder unbezahlte Arbeit, welche in offiziellen Statistiken kaum vollständig erfasst wird.

Der Anteil von selbstständiger oder unbezahlter Arbeit ist in den ärmeren Ländern deutlich höher. Bisher existierten daher kaum umfassende Daten über die geleisteten Arbeitsstunden.

An diesem Punkt setzen die Ökonomen Nicola Fuchs-Schündeln von der Goethe-Universität Frankfurt, Alexander Bick von der Arizona State University und David Lagakos von der Universität San Diego an. Statt offizielle Dokumente, wie beispielsweise Lohnabrechnungen, nutzten die Forscher Umfragen, um die geleisteten Arbeitsstunden zu bestimmen. Im Gegensatz zu früheren Studien konnten sie unbezahlte Arbeit so besser erfassen und erhielten gerade für ärmere Länder ein präziseres Abbild der Realität.

Es besteht ein negativer Zusammenhang zwischen der Arbeitszeit und dem Pro-Kopf Einkommen: Die durchschnittliche Wochenarbeitszeit ist in den reichsten Ländern rund 9,5 h kürzer als in den ärmsten.

Für ihre Analyse verwendeten die Autoren Daten aus 49 Ländern im Jahr 2005. Abb. 1 zeigt ein zentrales Ergebnis ihrer Studie nämlich einen negativen Zusammenhang zwischen dem BIP pro Kopf und den durchschnittlichen wöchentlichen

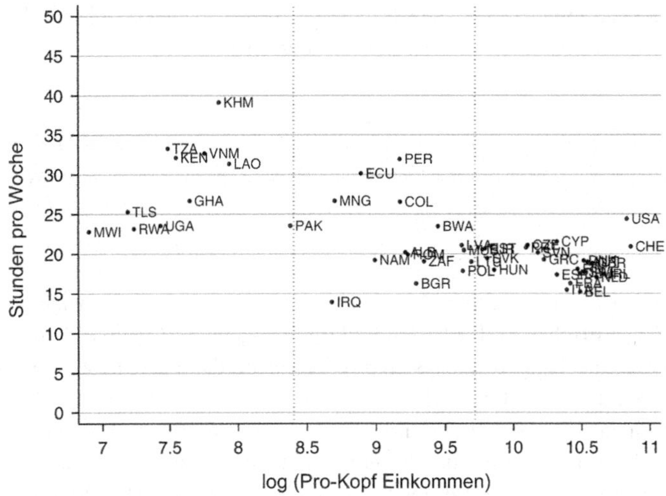

Abb. 1 Durchschnittliche Arbeitsstunden pro Erwachsenen und Land 2005. (Quelle: Bick et ail. u. a. (2018), Abb. 2)

Arbeitsstunden. Je reicher ein Land ist, desto weniger wird im Durchschnitt gearbeitet. Zur einfacheren Lesbarkeit der Grafik verwenden die Autoren den Logarithmus des Pro-Kopf Einkommens; dies hat keinerlei Einfluss auf die Resultate. Die vertikalen Trennstriche kennzeichnen die drei Terzile der weltweiten Einkommensverteilung: Diese unterteilen die 49 Länder in drei ähnlich grosse Gruppen mit niedrigem, mittlerem bzw. hohem Einkommen. Die Gruppe der ärmsten Länder weist eine durchschnittliche Arbeitswoche von 28,5 h auf. In Ländern mit mittlerem Einkommen wird im Durchschnitt noch 21,7 h pro Woche gearbeitet und in jenen mit hohem Einkommen nur 19 h.

Bei den wöchentlichen Arbeitsstunden handelt es sich um den Durchschnitt aller Erwachsenen, unabhängig von ihrer tatsächlichen Erwerbstätigkeit. Jener hängt im Wesentlichen von zwei Faktoren ab. Einerseits von den durchschnittlichen Arbeitsstunden einer erwerbstätigen Person: Je mehr Stunden, desto höher wird der Wert. Andererseits von der Erwerbsquote: Je mehr erwachsene Personen erwerbstätig sind, desto höher der Wert. Die Forscher kommen zum Ergebnis, dass die Unterschiede in der Erwerbsquote rund drei Viertel der Unterschiede in den durchschnittlichen Arbeitsstunden zwischen armen und reichen Ländern erklären. Die höheren Arbeitsstunden pro Erwachsenen sind also mehrheitlich darauf zurückzuführen, dass in den ärmeren Ländern mehr erwachsene Personen einer Arbeit nachgehen als in den reicheren Ländern.

Die Arbeitszeitunterschiede zwischen armen und reichen Ländern können zu drei Viertel auf unterschiedliche Erwerbsquoten von erwachsenen Personen zurückgeführt werden.

Dabei folgen die Länder mit der Zeit einer vergleichbaren Entwicklung: Mit wachsender Wirtschaft und höherem Einkommen geht die Arbeitszeit zurück. Um diesen Zusammenhang zu analysieren, untersuchte das Forscherteam Zeitreihen aus den USA. Denn die USA gelten heute eines der reichsten Länder, während sie vor rund einem Jahrhundert aber noch zu jenen mit mittlerem Einkommen zählten. Tatsächlich nahmen die durchschnittlichen Arbeitsstunden Erwachsener von 27,7 h pro Woche im Jahr 1900 auf 23 h im Jahr 2005 ab. Der Pfad der durchschnittlichen Arbeitszeit in den USA während dieser Zeit ist vergleichbar mit den heutigen Arbeitszeitunterschieden zwischen ärmeren und reicheren Ländern, welche in Abb. 1 dargestellt sind.

Das Forscherteam untersuchte die Daten auch nach demografischen Mustern. Beispielsweise verglich es die durchschnittliche Arbeitszeit nach Geschlecht. Die grundlegende Feststellung, dass in ärmeren Ländern mehr gearbeitet wird als in reicheren, blieb gleich. Allerdings weisen Frauen eine um 25–40 % niedrigere Durchschnittsarbeitszeit auf als Männer. Unterscheidet man zwischen Altersgruppen, fällt auf, dass die Arbeitsstunden von älteren Personen in armen Ländern deutlich höher sind als in reichen. Dies kann man auf die meist gut ausgebauten sozialen Vorsorgesysteme (z. B. Rentenversicherung) in entwickelten Volkswirtschaften zurückführen, weshalb ältere Menschen dort kaum mehr arbeiten müssen. Interessante Resultate liefert auch die Aufteilung nach Bildung. In reicheren Ländern arbeiten gut ausgebildete Personen überproportional lange. In den ärmeren Ländern fällt dieser Unterschied geringer aus. Teilt man die Arbeitsstunden nach den Sektoren Landwirtschaft, Industrie und Dienstleistungen auf, sind schliesslich grosse Unterschiede zu erkennen. Bei der Arbeitszeit in der Landwirtschaft gibt es kaum ausgeprägte Unterschiede zwischen Ländern, wogegen in den anderen beiden Sektoren die Arbeitszeit in den ärmeren Ländern deutlich höher ist.

Wie wirken sich die systematischen Arbeitszeitunterschiede auf den Wohlstand in armen und reichen Ländern aus? Die Autoren nutzten die Resultate ihrer

Studie und berechneten die Produktivitätsunterschiede zwischen armen und reichen Ländern neu. Bisher war es üblich, die Arbeitsproduktivität in einem Land anhand des BIP pro Arbeitskraft zu messen. Berechnet man die Differenz zwischen armen und reichen Ländern auf diese Weise, so sind reiche Länder 14,3-mal produktiver als arme. Allerdings wird bei dieser Berechnung ignoriert, wie viele Arbeitsstunden geleistet werden. Berücksichtigt man die unterschiedliche Arbeitszeit, sind die reicheren Länder sogar 16,5-mal produktiver als die ärmeren. Dies ergibt einen um 15 % höheren Produktivitätsunterschied als bisher angenommen. In ärmeren Ländern stellt jeder Arbeitnehmer nicht nur weniger Güter her, sondern arbeitet dafür auch noch länger.

Werden neben dem BIP auch die geleisteten Arbeitsstunden berücksichtigt, fallen die Produktivitäts- und Wohlfahrtsunterschiede zwischen armen und reichen Ländern um 15 bzw. 60 % grösser aus als bisher vermutet.

Für Wohlfahrtsunterschiede ergibt sich schliesslich ein ähnliches Bild. Häufig wird die Wohlfahrt anhand des BIP oder Konsum pro Kopf gemessen. Komplexere Wohlfahrtsmasse berücksichtigen daneben auch die Freizeit. Denn Nutzen wird nicht bloss aus dem Konsum gezogen, sondern auch aus der Freizeit. Verwendet man diesen Ansatz, fallen die Wohlfahrtsunterschiede zwischen arm und reich erneut grösser aus. Einwohner reicherer Länder verfügen einerseits über ein höheres Einkommen und können deshalb mehr konsumieren. Andererseits arbeiten sie weniger und haben daher mehr Freizeit, was ihren Nutzen weiter erhöht. Die Autoren kommen zum Schluss, dass die Wohlfahrt in reicheren Ländern unter Berücksichtigung der geleisteten Arbeitsstunden um knapp 19-mal höher ist als in ärmeren. Dies entspricht einem um 60 % höheren Wohlfahrtsunterschied im Vergleich zu traditionellen Massen, welche die Arbeitszeit nicht berücksichtigen.

Open Access Dieses Kapitel wird unter der Creative Commons Namensnennung 4.0 International Lizenz (http://creativecommons.org/licenses/by/4.0/deed.de) veröffentlicht, welche die Nutzung, Vervielfältigung, Bearbeitung, Verbreitung und Wiedergabe in jeglichem Medium und Format erlaubt, sofern Sie den/die ursprünglichen Autor(en) und die Quelle ordnungsgemäß nennen, einen Link zur Creative Commons Lizenz beifügen und angeben, ob Änderungen vorgenommen wurden.

Die in diesem Kapitel enthaltenen Bilder und sonstiges Drittmaterial unterliegen ebenfalls der genannten Creative Commons Lizenz, sofern sich aus der Abbildungslegende nichts anderes ergibt. Sofern das betreffende Material nicht unter der genannten Creative Commons Lizenz steht und die betreffende Handlung nicht nach gesetzlichen Vorschriften erlaubt ist, ist für die oben aufgeführten Weiterverwendungen des Materials die Einwilligung des jeweiligen Rechteinhabers einzuholen.

Was ist Flexibilität den Arbeitnehmern wert?

Patrick Kunzelmann

Relevanz
Digitale Plattformen wie der Fahrdienst Uber bringen viele einzelne Anbieter und Nachfrager zusammen. Sie bieten allen Teilnehmern ein hohes Mass an Flexibilität. Ein Uberfahrer kann z. B. spontan entscheiden, ob er einen Auftrag annimmt oder nicht. Doch wie sehr schätzen Arbeitnehmer die grosse Flexibilität solcher Plattformen? Die vorliegende Studie zeigt, dass die flexiblen Arbeitszeiten den Fahrern signifikante Wohlfahrtsgewinne versprechen. Verglichen mit traditionellen Arbeitsverhältnissen mögen solche Arrangements zwar bedeutende Nachteile haben, ein wichtiger Mehrwert liegt aber in ihrer hohen Flexibilität.

Quelle
Chen, K. M., Chevalier, J. A., Rossi, P. E., & Oehlsen, E. (2019). The value of flexible work: evidence from uber driver. *Journal of Political Economy, 127,* 2735–2794.

Digitale Plattformen verändern die Arbeitswelt. Sie bringen ganz viele individuelle Anbieter und Nachfrager zusammen. Solche «Marktplätze» bieten nicht nur den Konsumenten eine grosse Auswahl, sondern schaffen auch für Anbieter die Möglichkeit, direkt Dienstleistungen zu erbringen, z. B. als Fahrer oder Vermieter. Generell zeichnen sich digitale Plattformen durch hohe Flexibilität aus. So können Konsumenten den Anbieter meist frei wählen. Diese sind in der Regel

P. Kunzelmann (✉)
Universität St. Gallen, St. Gallen, Schweiz
E-Mail: patrick.kunzelmann@student.unisg.ch

© Der/die Autor(en) 2024

C. Keuschnigg (Hrsg.), *Im Brennpunkt der Wirtschaftspolitik,*
https://doi.org/10.1007/978-3-658-44415-0_17

nicht angestellt, sondern arbeiten selbstständig. Sie können daher meist selbst bestimmen, wann und wieviel sie arbeiten möchten. Studien zeigen, dass sich in den USA bereits fast jeder dritte Arbeitnehmer in einem solchen oder ähnlich unabhängigen Arbeitsverhältnis befindet.

Wie sehr schätzen die Arbeitnehmer die Möglichkeit, weniger und flexibler zu arbeiten als in traditionellen, unselbständigen Arbeitsverhältnissen? Um diese Frage zu beantworten, hat sich ein Forscherteam rund um Keith Chen und Judith Chevalier von den Universitäten Los Angeles und Yale zusammengefunden. Anhand des Fahrdienstes Uber untersuchten sie den Stellenwert von Flexibilität in der Arbeitswelt. Uber bietet seinen selbständigen Fahrern grosse Flexibilität bei Arbeitszeit und -dauer. Sie können jederzeit entscheiden, ob sie eine Fahrt übernehmen oder Feierabend machen wollen. Viele Fahrer arbeiten hierbei nebenberuflich für Uber. Das Forscherteam hatte Zugang zu neuartigen und detaillierten Daten der UberX Plattform zu Arbeitsstunden und Verdienst von rund 260 000 Uberfahrern in den USA. Diese leisteten während des Erhebungszeitraums zwischen September 2015 und April 2016 rund 140 Mio. Arbeitsstunden, was rund 76 % aller Arbeitsstunden bei Uber in den USA entsprach.

Was zeichnet das Arbeitsverhalten von Uberfahrern aus? Generell arbeiten die Fahrer in einem sehr flexiblen Arbeitsumfeld. Sowohl die Arbeitszeiten als auch -dauer unterscheiden sich stark von einem klassischen Arbeitsverhältnis. So arbeiten mehr als die Hälfte der Fahrer weniger als 12 h pro Woche für Uber, was eher einem Aushilfsjob gleichkommt. Zudem schwanken ihre Arbeitszeiten von Woche zu Woche. Beispielsweise bieten nur 30 % der Fahrer, welche in einer Woche zwischen 21 und 30 h für Uber arbeiten, in der darauffolgenden Woche dieselbe Fahrtzeit an.

Auch wenn die Arbeitsgewohnheiten auf Plattformen deutlich stärker schwanken als an traditionellen Arbeitsplätzen, ist dennoch eine gewisse Systematik erkennbar. Wie Abb. 1 zeigt, arbeiten Uberfahrer im Vergleich deutlich öfter abends sowie an Wochenenden. Arbeitskräfte in konventionellen Berufen hingegen arbeiten eher mittags unter der Woche.

Gerade bei Plattformen haben die Verdienstmöglichkeiten einen starken Einfluss darauf, wie viel gearbeitet wird. Durchschnittlich verdienen Uberfahrer in Städten rund USD 20 pro Stunde. Je mehr Fahrer gleichzeitig unterwegs sind, desto weniger verdient jeder. Die Verdienste weichen daher teilweise bis zu 40 % vom Durchschnitt ab. Anders als unselbstständige Arbeitnehmer reagieren Uberfahrer besonders stark auf solche Änderungen. Bei einer Wochenarbeitszeit von 10 h beispielsweise, führt ein um zehn Prozent höherer Verdienst dazu, dass ein typischer Fahrer nun knapp 12 h pro Woche arbeitet.

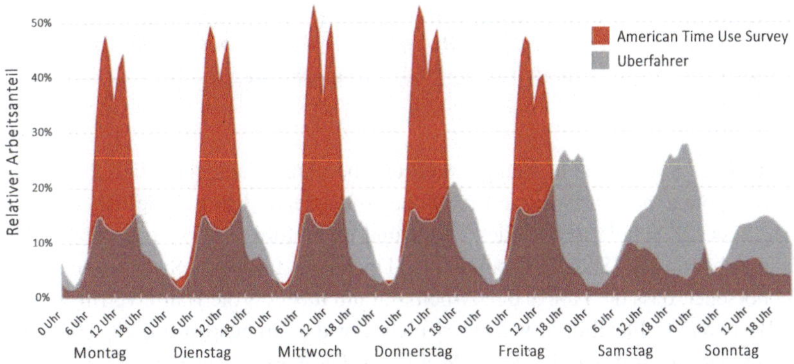

Abb. 1 Vergleich der Fahreraktivität auf der Uberplattform mit konventionellem Arbeitsangebot aus der American Time Use Survey. (Quelle: Chen et al. u. a. (2019) S. 2754)

Steigt der Verdienst um zehn Prozent, arbeiten Uberfahrer im Mittel um 19,2 % mehr.

Diese sich rasch ändernden Verdienstmöglichkeiten auf der Uberplattform und die hohe Gehaltssensibilität der Fahrer sind wichtige Gründe, weshalb das Arbeitsangebot so stark schwankt. Ein weiterer liegt in den Präferenzen der Fahrer selbst. Um diese besser zu verstehen, schätzt das Forscherteam, wieviel jeder Fahrer verdienen muss, damit dieser gerade noch bereit ist, zu arbeiten. Sobald der tatsächliche Verdienst höher ist, bietet ein Fahrer seine Dienstleistung an. Diese Mindestverdienste unterscheiden sich sehr stark, z. B. je nach Tageszeit und Wochentag. Die Arbeitsbereitschaft der Fahrer ist über die Zeit hinweg sehr verschieden, was Flexibilität sehr wertvoll machen kann.

Wie stark erhöht nun die Flexibilität von Uber das Arbeitsangebot und die Wohlfahrt der Fahrer? Das Autorenteam betrachtete dazu verschiedene Szenarien mit – im Vergleich zu Uber – eingeschränkter Arbeitszeitflexibilität. Ein Szenario nimmt die Bedingungen eines typischen Taxibetriebes an, wo Fahrer jeden Tag zwischen drei festen, achtstündigen Schichten auswählen und diese dann aber nicht mehr kurzfristig ändern können. In einem solchem Arbeitsumfeld würden bisherige Uberfahrer viel weniger arbeiten, nämlich im Mittel statt 15 nur noch gut 3 h pro Woche.

Uberfahrer würden in einem klassischen Taxibetrieb mit vergleichsweise unflexibler Schichtarbeit um knapp 80 % weniger arbeiten.

Ein anderes Szenario geht weniger weit und beschränkt ausschließlich die Flexibilität, spontan auf unerwartete Ereignisse zu reagieren. Ein Beispiel ist etwa der Fall, dass die Schule des Kindes anruft und um sofortige Vorsprache bittet, der Fahrer aber an eine Schicht gebunden ist. Doch auch für dieses Szenario schätzen die Forscher, dass die Fahrer ihre Arbeitszeit um mehr als die Hälfte verringern.

Beschränkte Flexibilität verringert nicht nur das Arbeitspensum der Uberfahrer, sondern auch ihre individuelle Wohlfahrt. Die Forscher messen diese anhand des erarbeiteten Überschusses: Dies ist die Differenz zwischen dem tatsächlichen Verdienst und jenem geschätzten Mindestverdienst, für welchen ein Fahrer gerade noch bereit wäre, zu arbeiten. Basierend auf einem durchschnittlichen Stundenverdienst von USD 21,67 berechnen Chen und seine Ko-Autoren einen erarbeiteten Überschuss von gut USD 150 pro Woche. Dieser fällt unter weniger flexiblen Arbeitsbedingungen deutlich geringer aus: Im Szenario, welches die Flexibilität, kurzfristig auf unerwartete Ereignisse zu reagieren, einschränkt, ist er um zwei Drittel geringer als in der Arbeitsumgebung der Uberplattform. Eine Anstellung bei einem Taxibetrieb mit vorgegebenen Schichten würde im Mittel sogar einen Wohlfahrtsverlust von rund USD 135 bei Uberfahrern pro Woche verursachen.

Die Wohlfahrt eines Fahrers ist bei weniger flexiblen Arbeitszeiten um rund zwei Drittel und bei einem Taxibetrieb mit Schichtarbeit um 88 % geringer als bei der Uberplattform.

Dadurch wird deutlich, dass die Fahrer die Möglichkeit, ihre Arbeitszeit kurzfristig anzupassen, besonders schätzen. Darin besteht der grosse Mehrwert der Uberplattform für Arbeitnehmer. Aufgrund der rasanten technologischen Entwicklung und dem hohen Nutzen von flexiblen Arbeitsmodellen, könnten sich diese bald auch in anderen Bereichen des Arbeitsmarktes stärker etablieren.

Open Access Dieses Kapitel wird unter der Creative Commons Namensnennung 4.0 International Lizenz (http://creativecommons.org/licenses/by/4.0/deed.de) veröffentlicht, welche die Nutzung, Vervielfältigung, Bearbeitung, Verbreitung und Wiedergabe in jeglichem Medium und Format erlaubt, sofern Sie den/die ursprünglichen Autor(en) und die Quelle ordnungsgemäß nennen, einen Link zur Creative Commons Lizenz beifügen und angeben, ob Änderungen vorgenommen wurden.

Die in diesem Kapitel enthaltenen Bilder und sonstiges Drittmaterial unterliegen ebenfalls der genannten Creative Commons Lizenz, sofern sich aus der Abbildungslegende nichts anderes ergibt. Sofern das betreffende Material nicht unter der genannten Creative Commons Lizenz steht und die betreffende Handlung nicht nach gesetzlichen Vorschriften erlaubt ist, ist für die oben aufgeführten Weiterverwendungen des Materials die Einwilligung des jeweiligen Rechteinhabers einzuholen.

Wirkt die Frauenquote für Führungskräfte?

Sarah Schachler

Relevanz

Quotenregelungen für Führungsgremien von Unternehmen sind ein oft und kontrovers diskutiertes Instrument, um die Gleichstellung von Frauen und Männern weiter voranzubringen. Die vorliegende Studie untersucht die Einführung einer Quote für Aufsichtsräte in Norwegen. Die Ergebnisse machen deutlich: Frauen sind wegen der Quote besser repräsentiert und die geschlechtsspezifischen Gehaltsunterschiede nehmen innerhalb des Aufsichtsrates ab. Befürchtungen, wie z. B. es gäbe nicht genügend qualifizierte Frauen, erwiesen sich als haltlos. Darüber hinaus ist die Wirkung der Quote aber begrenzt. Denn andere Frauen profitieren kaum von besseren Karriereperspektiven und Arbeitsmarktchancen.

Quelle

Bertrand, M., Black, S. E., Jensen, S., & Lleras-Muney, A. (2019). Breaking the glass ceiling? The effect of board quotas on female labour market outcomes in Norway. *The Review of Economic Studies, 81*(1), 191–239.

Trotz zunehmender Erfolge ist die Gleichstellung von Frauen und Männern noch nicht verwirklicht. Ein Mittel zur Verbesserung der Gleichstellung sind Quotenregelungen bei Führungspositionen z. B. in Aufsichtsräten von Unternehmen. Angesichts der geringen Zahl von Frauen in Aufsichtsräten fehlt es qualifizierten Frauen möglicherweise an Netzwerken. Diese stehen Männern oft zur Verfügung

S. Schachler (✉)
Universität St. Gallen, St. Gallen, Schweiz
E-Mail: sarah.schachler@student.unisg.ch

© Der/die Autor(en) 2024

C. Keuschnigg (Hrsg.), *Im Brennpunkt der Wirtschaftspolitik*,
https://doi.org/10.1007/978-3-658-44415-0_18

und können helfen, befördert zu werden oder Zugang zu Führungspositionen zu erhalten. Quoten können ein erster Schritt sein, um diesen kontraproduktiven Kreislauf zu durchbrechen. Sie können auch dazu beitragen, Vorurteile zu überwinden und so die Diskriminierung von Frauen zu verringern.

Dennoch sind Quoten durchaus kontrovers. Einer der häufigsten Kritikpunkte ist die – tatsächlich oder vermeintlich – nicht ausreichende Zahl qualifizierter Frauen am Arbeitsmarkt. Hier könnte die Gefahr bestehen, dass aufgrund einer Quotenregelung auch unterqualifizierte Frauen zum Zug kommen. Dies würde Vorurteile verstärken und damit allen Frauen, die eingestellt werden, schaden. Ebenso könnten Frauen selbst weniger in ihre Ausbildung und Karriere investieren, da sie davon ausgehen, ohnehin leichter eingestellt zu werden. Schliesslich wird oft die Privatautonomie als Argument gegen Quoten aufgeführt, das heisst, das Recht privater Unternehmen, ihre Führungsfunktionen frei zu besetzen.

Wie effektiv ist die Frauenquote für Aufsichtsratsmitglieder in Unternehmen? Kann diese die Arbeitsmarktsituation von Frauen verbessern? Marianne Bertrand von der Universität Chicago und ihre Ko-Autorinnen gehen diesen Fragen nach. Sie analysieren die Auswirkungen eines Gleichstellungsgesetzes in Norwegen, welches 2003 eingeführt wurde. Dieses sah vor, dass mindestens vierzig Prozent der Aufsichtsräte aller börsennotierten Aktiengesellschaften jeweils durch Männer und Frauen besetzt sein müssen. Das Hauptziel bestand darin, die Vertretung von Frauen in Spitzenpositionen privater Unternehmen zu erhöhen und die geschlechtsspezifischen Einkommensunterschiede zu verringern. Ähnliche Quotenregelungen wurden später in zahlreichen anderen Ländern darunter in Deutschland, Indien und Israel eingeführt.

Obwohl Norwegen als eines der fortschrittlichsten Länder in Bezug auf die Gleichstellung der Geschlechter gilt, waren Frauen in Aufsichtsräten im Unternehmens- und Finanzsektor deutlich unterrepräsentiert. Trotz des raschen Lohnwachstums von Frauen in den letzten Jahrzehnten, nahmen die Löhne von Männern noch stärker zu. Deshalb war die *gläserne Decke* an der Spitze des Arbeitsmarktes besonders ausgeprägt: Die Einkommensunterschiede zwischen Frauen und Männern betrugen bei Hochschulabsolventen zwanzig Prozent. In den Aufsichtsräten norwegischer Aktiengesellschaften waren nur fünf Prozent der Mitglieder Frauen, welche zudem rund dreissig Prozent weniger verdienten als ihre männlichen Kollegen.

Die Quotenregelung mit dem Ziel, dieser Barriere für Frauen entgegenzuwirken, wurde in den Jahren 2003 bis 2006 umgesetzt. Wie Abb. 1 zeigt, stieg der Anteil weiblicher Aufsichtsratsmitglieder in börsennotierten, norwegischen Unternehmen insbesondere im Zeitraum 2004 bis 2008 deutlich auf rund vierzig Prozent an und verblieb danach auf diesem Niveau. Obwohl das Gesetz bereits im

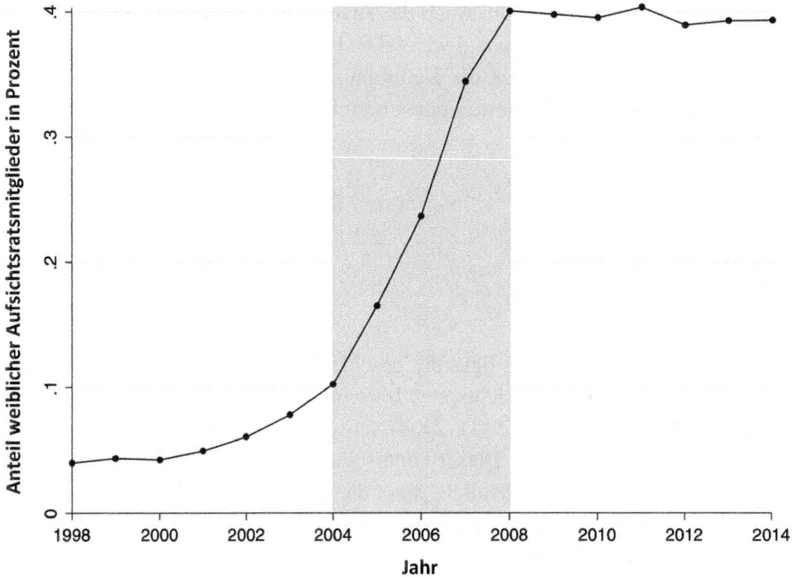

Abb. 1 Frauenanteil in Aufsichtsräten börsennotierter Unternehmen von 1998 bis 2014. (Quelle: Bertrand et al. u. a. (2019) S. 196)

Jahr 2003 eingeführt wurde, war es erst ab Januar 2006 verbindlich. Zu diesem Zeitpunkt erfüllten die meisten Unternehmen die Quotenregelung immer noch nicht. Im Jahr 2005 waren nur 17 % aller börsennotierten Aufsichtsratsmitglieder Frauen, also weniger als die Hälfte der vorgeschriebenen 40 %. Als das Gesetz 2006 verpflichtend wurde, hatten die Unternehmen zwei Jahre Zeit, den vorgeschriebenen Frauenanteil zu erreichen, andernfalls würden sie aufgelöst werden. Tatsächlich verdoppelte sich dieser innerhalb der nächsten zwei Jahre und die Quote wurde ab 2008 erfüllt.

Marianne Bertrand und ihre Ko-Autorinnen untersuchten ebenfalls, ob sich die zahlreichen Bedenken gegen die Quote in der Praxis tatsächlich bestätigten oder nicht. Ihre Schätzungen zeigen, dass sich keines der oben genannten Probleme in der Praxis bestätigte. Stattdessen nahm der Unterschied in der beobachtbaren Qualifikation zwischen männlichen und weiblichen Aufsichtsratsmitgliedern nach der Reform ab und die durchschnittliche Qualifikation von weiblichen Aufsichtsratsmitgliedern verbesserte sich. So verfügten die Aufsichtsrätinnen nach der Reform über fast ein ganzes Jahr mehr Bildung, womit sie das Niveau ihrer männlichen Kollegen übertrafen. Auch der zuvor grosse Geschlechterunterschied bei MBA-Abschlüssen verschwand weitgehend und es wurden mehr qualifizierte Frauen ernannt. Dies entkräftet die Befürchtung, dass es zu wenig qualifizierte Frauen gebe und unterqualifizierte Frauen bestellt werden.

Im Jahr 2003 hatten über 5000 norwegische Frauen mindestens die Qualifikation eines typischen männlichen Aufsichtsratsmitglieds. 2008 traf dies bereits auf mehr als 8000 Frauen zu.

Zudem zeigen die Ergebnisse, dass die geschlechtsspezifischen Einkommensunterschiede innerhalb des Aufsichtsrates börsennotierter Unternehmen abgenommen haben: Vor der Reform (2003–2008) verdienten Frauen etwa 36 % weniger als ihre männlichen Kollegen. Dieser Unterschied ist nach der Reform auf 24 bis 26 % gesunken. Dies veranschaulicht, dass die Quote sowohl die Repräsentation von Frauen in Aufsichtsräten verbesserte als auch zu einer – teilweisen – Annäherung des Lohnniveaus führte.

Der Einkommensunterschied zwischen Frauen und Männern in Aufsichtsräten ging durch die Reform um rund ein Drittel zurück.

Das Ziel der Quotenregelung bestand darin, die Arbeitsmarktchancen für alle Frauen zu verbessern, nicht bloss für jene in Aufsichtsräten. Welche weiteren Frauen konnten daher von der Reform profitieren? Eine Hypothese ist, dass die nun grössere Präsenz von Frauen in Aufsichtsräten die Chancen von Frauen in den betroffenen Unternehmen generell verbessern kann. Dies könnte sich z. B. in einem grösseren Anteil weiblicher Führungskräfte oder in familienfreundlicheren Massnahmen für die Mitarbeiterinnen widerspiegeln. Jedoch findet das Forscherteam kaum Evidenz dafür, dass ein grösserer Frauenanteil im Aufsichtsrat die Karriereperspektiven von Frauen in diesem Unternehmen signifikant erhöht.

In ähnlicher Weise stellten Bertrand und ihre Ko-Autorinnen auch die Frage, ob junge Frauen mit einer wirtschaftswissenschaftlichen Ausbildung von dieser Reform profitieren können. Die Quote könnte eine Wirtschaftsausbildung oder eine Karriere in der Privatwirtschaft für sie attraktiver machen. Die empirischen Ergebnisse sind jedoch uneindeutig. Nach Einführung der Quotenregelung 2013 nahm die Anzahl der Studentinnen in Wirtschaftsstudiengängen allerdings nicht signifikant zu. Mit Verweis auf Befragungen an einer führenden Wirtschaftshochschule argumentieren die Wissenschaftlerinnen, dass die Reform zwar den meisten Studentinnen bekannt war und sie dadurch auch höhere Einkommen und bessere Chancen auf Spitzenjobs erwarteten, jedoch kaum ihre Lebensplanung änderten. Insbesondere gaben nur wenige Frauen an, dass sie deshalb ihre Familiengründung hinauszögern würden, was laut früheren Studien als eines der grössten Karrierehindernisse für Frauen in der Wirtschaft gilt.

Als die Quote verpflichtend wurde, hatten die Unternehmen die Wahl, entweder die Zahl der Aufsichtsrätinnen auf mindestens 40 % zu erhöhen oder ihre Rechtsform so zu ändern, dass sie nicht unter dieses Gesetz fallen. Gewisse Ausweicheffekte waren zu beobachten, denn eine relevante Zahl von Unternehmen war nach der Reform nicht mehr börsennotiert, wodurch sie die Quotenregelung umgingen. Manche dieser Rechtsformänderungen könnten aber auch auf Insolvenzen oder Übernahmen zurückzuführen sein.

Die vorliegende Studie aus Norwegen zeigt, dass eine Frauenquote für Aufsichtsräte börsennotierter Unternehmen den Anteil der Frauen in jenen Gremien signifikant erhöhen und geschlechtsspezifische Einkommensunterschiede innerhalb des Aufsichtsrates verringern kann. Befürchtungen wie z. B., dass es nicht genügend qualifizierte Frauen gebe oder wenig qualifizierte Frauen Aufsichtsratsmitglieder würden, bewahrheiteten sich nicht. Jedoch entfaltete die Quote kaum Wirkungen über den Aufsichtsrat hinaus und ausserhalb des Kreises (potenzieller) Aufsichtsrätinnen profitierten zumindest kurz- bis mittelfristig nur wenige davon. Die Forscherinnen zeigen, dass es dadurch kaum bessere Karrierechancen für andere Frauen, die in betroffenen Unternehmen beschäftigt sind, oder für Studienabgängerinnen gibt.

Open Access Dieses Kapitel wird unter der Creative Commons Namensnennung 4.0 International Lizenz (http://creativecommons.org/licenses/by/4.0/deed.de) veröffentlicht, welche die Nutzung, Vervielfältigung, Bearbeitung, Verbreitung und Wiedergabe in jeglichem Medium und Format erlaubt, sofern Sie den/die ursprünglichen Autor(en) und die Quelle ordnungsgemäß nennen, einen Link zur Creative Commons Lizenz beifügen und angeben, ob Änderungen vorgenommen wurden.

Die in diesem Kapitel enthaltenen Bilder und sonstiges Drittmaterial unterliegen ebenfalls der genannten Creative Commons Lizenz, sofern sich aus der Abbildungslegende nichts anderes ergibt. Sofern das betreffende Material nicht unter der genannten Creative Commons Lizenz steht und die betreffende Handlung nicht nach gesetzlichen Vorschriften erlaubt ist, ist für die oben aufgeführten Weiterverwendungen des Materials die Einwilligung des jeweiligen Rechteinhabers einzuholen.

Familie

Die Heiratschancen gebildeter Frauen

Nora Bearth

Relevanz

Partnerschaft und Familie haben für die meisten Frauen und Männer einen hohen Wert, und ebenso berufliche Erfüllung und Karriere. Das bestimmt schon vorher auf dem Heiratsmarkt die Erwartungen an die Partner und ihre Attraktivität. Denn in der Ehe müssen sie sich über die Aufteilung der Heimarbeit und der beruflichen Prioritäten einigen. Die hochqualifizierten Frauen wollen arbeiten und können viel zum Familieneinkommen beisteuern, aber die Zeit zuhause fehlt. Da sind die Männer gefordert, in Kinderbetreuung und Heimarbeit anzupacken, um Beruf und Familie zu vereinbaren. Ihre Freiräume nehmen ab, sie müssen Kompromisse eingehen. Nehmen deshalb die Heiratschancen hochqualifizierter Frauen ab? Welchen Einfluss haben soziale Normen über die Stellung der Frau in Familie, Gesellschaft und Arbeitswelt?

Quelle

Bertrand, M., Cortes, P., Olivetti, C., & Pan, J. (2020). Social norms, labor market opportunities, and the marriage gap between skilled and unskilled women. *Review of Economic Studies, 88*(4), 1936–1978.

N. Bearth (✉)
Universität St. Gallen, St. Gallen, Schweiz
E-Mail: nora.bearth@student.unisg.ch

N. Bearth
Stockholm School of Economics, Stockholm, Schweden

© Der/die Autor(en) 2024

C. Keuschnigg (Hrsg.), *Im Brennpunkt der Wirtschaftspolitik*,
https://doi.org/10.1007/978-3-658-44415-0_19

In den letzten 50 Jahren heirateten Frauen und Männer in den Industrieländern deutlich weniger oft. Gleichzeitig erhöhte sich in den meisten Ländern das Heiratsalter. Aber wie entwickelten sich die Heiratschancen hochqualifizierter Frauen im Vergleich zu jenen mit niedrigen Qualifikationen? Welche Rolle spielen soziale Normen? Wie wirken sich bessere Chancen von Frauen auf dem Arbeitsmarkt und unterschiedliche Einstellungen gegenüber arbeitenden Frauen in der Gesellschaft auf die Heiratschancen aus? Gibt es ein Heiratsdefizit von hochqualifizierten Frauen, und wie kann es beseitigt werden?

Diesen Fragen sind die Ökonominnen Marianne Bertrand, Patricia Cortés, Claudia Olivetti und Jessica Pan nachgegangen. Sie haben die Entwicklungen in 23 Industrieländer in den Jahren 1995, 2000, 2005 und 2010 und in den Bundesstaaten der USA von 1970 bis 2010 miteinander verglichen.

In allen 23 Ländern haben sich die Arbeitsmöglichkeiten für Frauen in den letzten Jahrzehnten verbessert, aber nicht unbedingt ihre Heiratschancen. Die hochqualifizierten Frauen haben einen Heiratsnachteil, wenn der Anteil der verheirateten an allen Frauen in dieser Gruppe kleiner ist als bei den niedrigqualifizierten Frauen. Der geringere Anteil steht für die geringeren Heiratschancen. In einigen Ländern hat der Heiratsnachteil hochqualifizierter Frauen abgenommen, in anderen ist er jedoch weiter gestiegen. In den USA heiraten beispielsweise heutzutage hochqualifizierte Frauen gleich häufig, wenn nicht häufiger als niedrigqualifizierte. Das war nicht immer so. In Korea und in anderen asiatischen Ländern hingegen heiraten hochqualifizierte Frauen noch immer seltener. Gleichzeitig beobachtet man zunehmend bessere Chancen der Frauen auf dem Arbeitsmarkt und einen Rückgang der Geburtenrate in Industrieländern. Die Heiratschancen haben auch Einfluss auf die Bildungsentscheidungen von Frauen. Wie hängen diese Entwicklungen zusammen?

Die Forscherinnen entwerfen eine Theorie und überprüfen ihre Hypothesen anhand der Daten. Die Theorie beschreibt die Chancen auf den Arbeits- und Heiratsmärkten, das Verhalten der Frauen und Männer in den Familien, die Bildungsentscheidung der Frauen und den Einfluss sozialer Normen. Wenn der Lohn der Arbeit ausser Haus tief ist, dann können die Frauen wenig zum Familieneinkommen beisteuern. Die Frau zieht es vor, daheim zu bleiben. Die Familie verliert wenig an Einkommen, aber profitiert stark von der Arbeit zuhause. Die Frauen sind auf dem Heiratsmarkt für Männer attraktiv, denn ihre Freiräume sind gross. Wenn dagegen die Frauen qualifizierter sind und mehr verdienen, steigt ihre Erwerbsbeteiligung, aber der Beitrag zum Familieneinkommen ist noch nicht ausreichend gross. Die Zeit für Hausarbeit und Kinderbetreuung fehlt. Die Vereinbarkeit von Beruf und Familie wird zum Problem. Die Mitarbeit der Männer ist gefordert. Das ist für die Männer nicht attraktiv. Die Heiratschancen der Frauen sinken. Solche Perspektiven entmutigen die Bildungsentscheidung geringqualifizierter Frauen. Die hochqualifizierten Frauen wollen arbeiten, verdienen viel und können das Familieneinkommen stark steigern. Die Familie kann es sich leisten, die Heimarbeit mit Putzmann bis Kinderfrau zu rationalisieren. Die Zeit für Kinder ist knapp, aber von hoher Qualität. Das ist auch für die Männer sehr attraktiv. Die Heiratschancen hochqualifizierter Frauen mit hohen Löhnen steigen wieder.

Müssen die Heiratschancen geringqualifizierter Frauen mit zunehmender Ausbildung und höheren Löhnen sinken? Die Weiterentwicklung sozialer Normen für mehr Gleichberechtigung in der Familie und auf dem Arbeitsmarkt kann den Heiratsnachteil für Frauen mit mittlerer Ausbildung weitgehend beseitigen. Wenn die Männer freiwillig zuhause anpacken und die Gesellschaft die Erwerbsbeteiligung der Frauen unterstützt, sinkt der Heiratsnachteil. Abb. 1 illustriert den Zusammenhang.

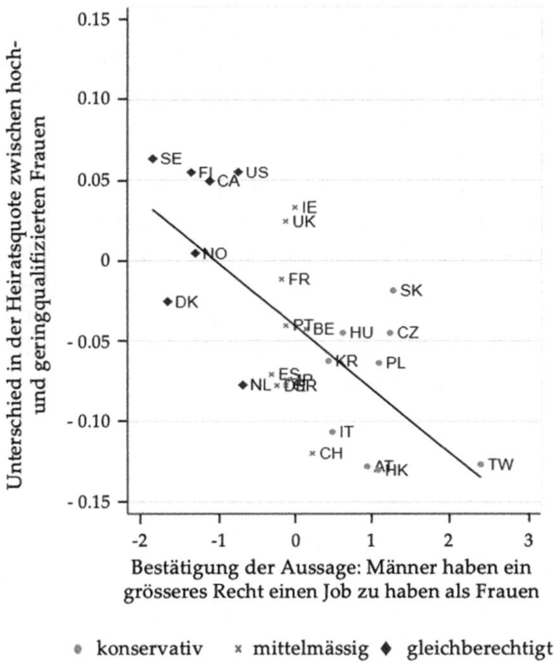

Abb. 1 Soziale Normen und Unterschiede in den Heiratsquoten von hoch- und geringqualifizierten Frauen im Jahr 2010. (Quelle: Bertrand et al., u. a. (2020))

Die Autorinnen haben anhand von Umfragedaten festgemacht, ob in einem Land die Einstellung gegenüber der Rolle der Frauen in der Familie und in der Arbeitswelt eher konservativ oder eher gleichberechtigt ist. In Abb. 1 ist ersichtlich, dass in konservativen Ländern (z. B. Italien, Tschechien, China) der Unterschied der Heiratschancen zwischen hoch- und geringqualifizierten Frauen grösser ist als in Ländern mit einer gleichberechtigten Einstellung gegenüber Frauen (z. B. Norwegen, Schweden, Dänemark). In diesen Ländern hat sich der Trend sogar gekehrt, d. h. dass hochqualifizierte bessere Heiratschancen haben. Länder wie die Schweiz und Deutschland werden als mittelmässig gleichberechtigt eingestuft. In der Abbildung ist ersichtlich, dass hochqualifizierte Frauen in der Schweiz geringere Heiratschancen haben als hochqualifizierte Frauen in Deutschland.

Wie in der Abb. 1 gezeigt, können soziale Normen den Zusammenhang zwischen zunehmenden Qualifikationen mit steigenden Löhnen der Frauen und ihrem Heiratsnachteil verändern. Die Forscherinnen finden, dass hochqualifizierte Frauen insgesamt seltener heiraten als geringqualifizierte, obwohl hohe Qualifikation und hohe Löhne den Heiratsnachteil an sich reduzieren. Sie erklären dieses Fakt wie folgt: Erstens könnten Männer ganz allgemein eine nicht-arbeitende Frau als Ehefrau bevorzugen. Zweitens sind hochqualifizierte Frauen wählerischer bei der Suche eines Ehemanns, da sie eher eine gut bezahlte Stelle finden können und deswegen nicht finanziell abhängig sind.

Im Jahr 2010 waren nur noch circa 80 % der 35- bis 44-jährigen mindestens einmal verheiratet, wohingegen es in 1970 noch über 90 % waren. Diese Entwicklung war sowohl in den USA, in Europa wie auch in Asien ersichtlich.

Die erste Hypothese der Autorinnen ist, dass hochqualifizierte Frauen seltener heiraten im Vergleich zu geringqualifizierten. Dieser Unterschied ist in konservativen Ländern grösser als in Ländern mit einer gleichberechtigten Einstellung gegenüber Frauen. Wie in Abb. 1 ersichtlich heiraten hoch- und geringqualifizierte Frauen im Jahr 2010 in Ländern mit einer hohen Gleichberechtigung im Durchschnitt in etwa gleich oft.

In Ländern mit einer hohen Gleichberechtigung ist der Unterschied in der Heiratsquote hochqualifizierter im Vergleich zu gering qualifizierten Frauen um 14 Prozentpunkte kleiner als in konservativen Ländern und um 8 Prozentpunkte kleiner als in Ländern mit einer mittleren Gleichberechtigung.

Eine zentrale Hypothese ist, dass bei gegebenen sozialen Normen die Heiratschancen hochqualifizierter Frauen mit zunehmenden Löhnen und Arbeitsmarktchancen besser werden. Es macht jedoch einen wesentlichen Unterschied, ob in einem Land progressive oder konservative Einstellungen gegenüber der Rolle von Frauen in der Arbeitswelt vorherrschen. Während in progressiven Ländern der Heiratsnachteil hochqualifizierter Frauen mit zunehmenden Löhnen sinkt und ihre Heiratschancen dementsprechend steigen, ist in konservativen Ländern das Gegenteil der Fall. Die Forscherinnen können dabei für progressive Länder mit gleichberechtigter Einstellung statistisch etwa 40 % bis 100 % der Verminderung des Heiratsnachteils hochqualifizierter Frauen erklären. Für konservative Länder können sie lediglich 15 % bis 35 % der Zunahme des Heiratsnachteils erklären.

Wenn der BIP pro Kopf um 10 % steigt, dann sinkt der Heiratsnachteil von hochqualifizierten Frauen in gleichberechtigten Ländern um 0,3 Prozentpunkte. In konservativen Ländern steigt er dagegen um 1,2 Prozentpunkte.

Wenn mit zunehmenden Löhnen ein Heiratsnachteil droht, sinkt der Anreiz, in eine hochqualifizierte Ausbildung zu investieren. Tatsächlich konnten die Ökonominnen bestätigen, dass in konservativen Ländern der Anteil an hochqualifizierten Frauen niedriger ist als in Ländern mit Gleichberechtigung. Ein möglicher Grund dürfte sein, dass höhere Bildung ihre Chancen auf dem Heiratsmarkt mindern.

Der Anteil an Frauen mit einer tertiären Ausbildung ist in konservativen Ländern 13 Prozentpunkte kleiner als in Ländern mit einer offenen Einstellung gegenüber der Gleichberechtigung von Mann und Frau in Beruf und Familie. In Ländern mit einer mittleren Offenheit ist der Anteil um 10 Prozentpunkte kleiner.

Weitgehend ähnlich Ergebnisse finden die Forscherinnen bezüglich der Heiratschancen hochqualifizierter Frauen in den USA, mit grossen Unterschieden zwischen den Bundesstaaten. Zusammenfassend kann man festhalten, dass die Chancen hochqualifizierter Frauen in der Arbeitswelt und auf dem Heiratsmarkt eng miteinander verbunden sind. Sie hängen nicht nur, aber doch ganz erheblich von ökonomischen Überlegungen und sozialen Normen ab. Der Heiratsnachteil hochqualifizierter Frauen verschwindet weitgehend oder kehrt sich in einen Vorteil um, wenn in einem Land die gleichberechtigte Stellung der Frau in Gesellschaft und Arbeitswelt wie in der Familie eine weithin akzeptierte Norm ist.

Open Access Dieses Kapitel wird unter der Creative Commons Namensnennung 4.0 International Lizenz (http://creativecommons.org/licenses/by/4.0/deed.de) veröffentlicht, welche die Nutzung, Vervielfältigung, Bearbeitung, Verbreitung und Wiedergabe in jeglichem Medium und Format erlaubt, sofern Sie den/die ursprünglichen Autor(en) und die Quelle ordnungsgemäß nennen, einen Link zur Creative Commons Lizenz beifügen und angeben, ob Änderungen vorgenommen wurden.

Die in diesem Kapitel enthaltenen Bilder und sonstiges Drittmaterial unterliegen ebenfalls der genannten Creative Commons Lizenz, sofern sich aus der Abbildungslegende nichts anderes ergibt. Sofern das betreffende Material nicht unter der genannten Creative Commons Lizenz steht und die betreffende Handlung nicht nach gesetzlichen Vorschriften erlaubt ist, ist für die oben aufgeführten Weiterverwendungen des Materials die Einwilligung des jeweiligen Rechteinhabers einzuholen.

Wie die Grossfamilie ihre Kinder fördert

Charlotte Hermanns

Relevanz
Eltern wenden viel Zeit auf und geben ein Vermögen aus, um ihre Kinder zu fördern. Je höher Einkommen und Bildung sind, desto besser gelingt es ihnen. Auch Onkel, Tanten, die weitere Verwandtschaft und die Grosseltern üben einen wichtigen Einfluss aus, indem sie Zeit mit den Kindern verbringen, als Vorbild dienen, und Normen und Werte weitergeben. Das bringt die Gesellschaft voran. Chancengleichheit und soziale Mobilität sind jedoch beeinträchtigt, wenn Einkommen und Bildung hauptsächlich vom «Glück des richtigen Elternhauses» abhängen. Umso mehr ist die Schule gefordert, alle Talente zu fördern und für Chancengleichheit zu sorgen.

Quelle
Adermon, A., Lindahl, M., & Palme, M. (2021). Dynastic human capital, inequality, and intergenerational mobility. *American Economic Review, 111,* 1523–1548.

Soziale Ungleichheit beginnt bereits mit der Geburt. In den europäischen OECD-Ländern wird beispielsweise geschätzt, dass Kinder aus niedrigeren sozioökonomischen Verhältnissen ein um bis zu 20 % geringeres zukünftiges

C. Hermanns (✉)
Universität St. Gallen, St. Gallen, Schweiz
E-Mail: charlotte.hermanns@student.unisg.ch

© Der/die Autor(en) 2024

C. Keuschnigg (Hrsg.), *Im Brennpunkt der Wirtschaftspolitik,*
https://doi.org/10.1007/978-3-658-44415-0_20

Einkommen haben als Kinder, die in einem bevorzugteren Umfeld aufwachsen.[1] Geringe finanzielle Ressourcen, niedrige elterliche Bildung, mangelnde Ambitionen, eine ungünstige Nachbarschaft und viele andere Faktoren mindern die Aufstiegschancen. So kommt es, dass Bildungserfolg und Einkommen der Kinder und ihrer Eltern sich nur wenig unterscheiden und damit eine hohe Beständigkeit (Persistenz) zwischen den Generationen aufweisen. Eine hohe Bildung der Eltern steigert die Wahrscheinlichkeit, dass auch die Kinder eine hohe Bildung erhalten. Adermon, Lindahl und Palme (2021) untersuchen die intergenerationale Persistenz von Humankapital. Sie zeigen, dass in Schweden eine Zunahme der Schuljahre der Eltern um eine Standardabweichung (das sind etwa 1,7 Jahre) mit einem Anstieg des Notendurchschnitts ihrer Kinder am Ende der Pflichtschulzeit um etwas mehr als einem Drittel einer Standardabweichung einhergeht. Ein Drittel entspricht in etwa dem Anstieg der Durchschnittsnote von circa 46,7 Punkte um 10,1 Noten-Punkte. Die intergenerationale Beständigkeit der Bildung ist um 43,5 % höher, wenn der Bildungshintergrund nicht nur der Eltern, sondern auch der erweiterten Familie mit Onkeln und Tanten und anderen Verwandten, berücksichtigt wird. Der Einfluss des Bildungsgrads der Gross- und Urgrosseltern auf den Bildungserfolg der Kinder-Generation ist dagegen wenig bedeutend.

Das Forscherteam leistet einen wichtigen und neuartigen Beitrag zur Quantifizierung der langfristigen intergenerationalen Beständigkeit des Humankapitals, indem sie die erweiterte Familie (Dynastie) in ihre Analyse einbeziehen. Ein Grossteil der bisherigen Forschung konzentriert sich dagegen auf Schätzungen der intergenerationalen Mobilität zwischen Kindern und Eltern. Ein solcher Ansatz unterschätzt die Beständigkeit der Bildung über die Generationen und ist als Untergrenze des Effekts zu betrachten. Da sie über Verwaltungsdaten für die gesamte schwedische Bevölkerung verfügen, ist es den Wissenschaftlern möglich, Familien-Stammbäume zu erstellen, die auf nachweisbaren familiären Verbindungen beruhen und insgesamt vier Generationen bis zu den Urgrosseltern abdecken. Sie können auch die Verwandtschaft der Eltern einbeziehen: Geschwister und Cousins der Eltern einschliesslich derer Ehepartner(innen), sowie Geschwister der Ehepartner(innen) von den Tanten und Onkeln. Die Ergänzung um die Verwandtschaft berücksichtigt damit die gesamte «Dynastie» der Elterngeneration. Die erweiterten Familienmitglieder können mit direkten monetären oder nicht-monetären Investitionen einen bedeutsamen Einfluss auf die Kinder

[1] Quelle: OECD (2023), Understanding Social Mobility, https://www.oecd.org/stories/social-mobility/.

ausüben, z. B. indem sie die Nichten und Neffen finanziell unterstützen, wertvolle Zeit mit ihnen verbringen, Normen und Werte weitergeben, und eine Vorbildfunktionen ausüben. Solche Faktoren können einen wichtigen positiven Einfluss auf die Humankapitalbildung der Kinder haben. Diese Einflüsse werden jedoch in herkömmlichen Schätzungen der sozialen Mobilität mit Eltern-Kind Modellen vernachlässigt.

Um das Humankapital der Kinder zu messen, verwenden die Wissenschaftler den Notendurchschnitt von allen Pflichtfächern im letzten Jahr der Schulpflicht (9. Klasse, Alter 16 Jahre). Die Verwendung des Notendurchschnitts als Mass für Bildung anstatt der Anzahl der absolvierten Schuljahre maximiert die Anzahl der Beobachtungen über die vier Generationen hinweg (~541 000 Beobachtungen). Die Forscher zeigen jedoch, dass ihre Ergebnisse sich nur unwesentlich verändern, wenn sie anstatt des Notenschnitts die Anzahl der absolvierten Schuljahre der Kindergeneration verwenden. In allen anderen Generationen sind die absolvierten Schuljahre Indikator für das erreichte Humankapitalniveau.

Das Forscherteam verfolgt mehrere Ansätze. Das traditionelle Eltern-Kind-Modell, welches den Zusammenhang zwischen einem zusätzlichen Schuljahr der Eltern und dem Notendurchschnitt ihrer Kinder untersucht, liefert eine Untergrenze für die intergenerationale Beständigkeit des Humankapitals. Das Dynastie-Modell berücksichtigt die horizontal-erweiterte Familie mit den Verwandten der Elterngeneration. In einem dritten Schritt erweitern die Forscher das Eltern-Kind-Modell vertikal, indem sie zusätzlich die Grosseltern und Urgrosseltern berücksichtigen. Hier zeigen sich deutliche Unterschiede über die Generationen hinweg: die durchschnittlich absolvierten Schuljahre betragen 7,7 Jahre in der Urgrosselterngeneration, 9,3 Jahre in der Grosselterngeneration, und 11,6 Schuljahre der leiblichen Eltern. In einem letzten Schritt untersuchen Adermon, Lindahl und Palme den Einfluss von familiären Umweltfaktoren im Vergleich zu genetischen Faktoren auf die Humankapitalbildung, indem sie die Analyse auf Adoptivkinder und ihre erweiterte Adoptivfamilie anwenden.

Die Zahl der Schuljahre in Schweden ist über Generationen hinweg deutlich ansteigend: Kinder erhalten im Durchschnitt 12,3 Jahre Schulbildung, Eltern absolvierten etwa 11,6, Grosseltern 9,3 und Urgrosseltern 7,7 Jahre.

Das erste Ergebnis bei Verwendung des Eltern-Kind-Modells steht im Einklang mit der bisherigen Forschung zur sozialen Mobilität: Kinder mit gebildeteren Eltern erzielen im Durchschnitt bessere Schulnoten. Ein Anstieg der Schuljahre der

Eltern um eine Standardabweichung (etwa 1,7 Jahren) geht mit einem um 10,1 Punkte höheren Notendurchschnitt am Ende der Pflichtschulzeit einher. Dieser Notenanstieg entspricht einem Drittel der Standardabweichung in der Stichprobe, mit einer Durchschnittsnote von ca. 46,7 Punkten. Wenn dagegen der Einfluss aller Mitglieder der horizontalen Grossfamilie der Elterngeneration berücksichtigt wird, nimmt der Notendurchschnitt der Kinder wesentlich stärker zu, nämlich um 14,5 Notenpunkte oder um etwas mehr als einer halben Standardabweichung. Nicht nur die Eltern, sondern auch die erweiterte Verwandtschaft hat wesentlichen Einfluss auf den Bildungserfolg in der Kindergeneration. Ein zentrales Ergebnis der Studie ist, dass herkömmliche Eltern-Kind-Schätzungen ohne Berücksichtigung der Grossfamilie die intergenerationale Beständigkeit (Persistenz) des Humankapitals um 43,5 % unterschätzen.

Traditionelle Kind-Eltern-Modelle ohne Berücksichtigung der Grossfamilie unterschätzen die intergenerationale Beständigkeit des Bildungserfolgs um 43,5 %. Insbesondere Tanten und Onkel beeinflussen den Bildungserfolg des Kindes zusätzlich positiv.

Welche Familienmitglieder, neben den Eltern, beeinflussen die Humankapitalbildung eines Kindes am stärksten? Abb. 1 zeigt die zusätzlichen positiven Einflüsse auf die schulische Leistung des Kindes der engeren und weiteren Verwandten. Vor allem die Tanten und Onkel üben einen bedeutsamen Einfluss auf die Bildung des Kindes aus. Auf sie entfällt mehr als die Hälfte des zusätzlichen Bildungserfolgs, den alle Verwandten zusammen beisteuern. Daneben sind noch die Cousins und Cousinen der Eltern bedeutsam, während die angeheirateten Mitglieder der

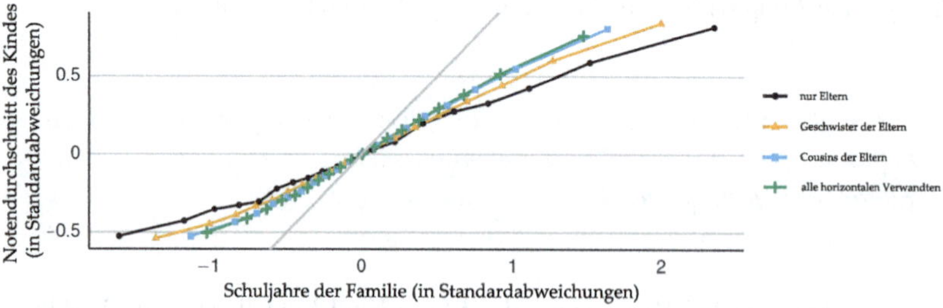

Abb. 1 Einfluss der erweiterten Familie auf den Notenschnitt der Kinder. (Quelle: Adermon et al. (2021), Abb. 1)

Grossfamilie, also die Ehepartner(innen) der Tanten und Onkel oder die Ehepartner(innen) der elterlichen Cousins und Cousinen, keinen weiteren Einfluss mehr haben. Je steiler die Linien in Abb. 1 verlaufen, desto grösser ist die Beständigkeit des Bildungsgrads zwischen den Generationen. Die 45-Grad-Linie entspricht einer perfekten intergenerationalen Persistenz, wonach die Bildung der Kinder vollständig durch die Bildung der Eltern und ihrer Verwandten vorbestimmt ist. Alles in allem zeigt sich, dass die Verwandten den positiven Einfluss der Eltern auf den Bildungserfolg der Kinder verstärken und damit zu einer höheren intergenerationalen Beständigkeit der Bildung beitragen.

Ist auch das Bildungsniveau der Grosseltern und Urgrosseltern für den Bildungserfolg eines Kindes relevant? Die Wissenschaftler finden einen positiven Einfluss nur, wenn sie die Rolle der Verwandten in der Elterngeneration ausblenden und nur den Einfluss der älteren Generationen in der engeren Familie schätzen: in diesem Fall geht ein Anstieg der Schulbildung um eine Standardabweichung, das sind zusätzliche 1,4 Schuljahre bei den Urgrosseltern und 1,7 Jahre bei den Grosseltern, mit einem um 11,3 Punkte höheren Notendurchschnitt des Kindes einher. Dieser positive Effekt verschwindet jedoch, wenn zusätzlich die Geschwister und Cousins der Eltern berücksichtigt werden.

Das Bildungsniveau der Grosseltern spielt für die intergenerationale Persistenz nur eine geringe Rolle. Etwa 95 % der gesamten Persistenz können bereits durch das Bildungsniveau der Eltern und ihrer Verwandten erklärt werden.

Der Bildungserfolg der Kinder könnte auch auf die Vererbung von genetischen Faktoren zurückzuführen sein, und weniger vom Einfluss der Familie und anderen Umweltfaktoren nach der Geburt abhängen. Die Wissenschaftler können den Einfluss genetischer Faktoren ausschliessen, indem sie nur den Einfluss der erweiterten Familie auf adoptierte Kinder schätzen. Die Beschränkung der Stichprobe auf internationale Adoptivkinder, die vor Vollendung des ersten Lebensjahres adoptiert wurden, schliesst einen möglichen Einfluss der leiblichen Eltern nach der Geburt aus. Die Resultate zeigen, dass die intergenerationale Persistenz der Bildung zu etwa 30 % vom Einfluss der Adoptivfamilie und anderer Umweltfaktoren nach der Geburt abhängt.

Wenn Bildung und Einkommen der Kinder stark durch die Situation im Elternhaus vorbestimmt sind, dann sind Chancengleichheit und soziale Mobilität gering. Die Studie von Adermon, Lindahl und Palme zeigt jedoch, dass die intergenerationale Beständigkeit von Bildung und Einkommen nicht nur von der Eltern-Kind-Beziehung abhängt. Die intergenerationale Übertragung von Bildungs- und Einkommensverhältnissen hängt von der Situation in der gesamten Grossfamilie ab. Auch die Verwandten der Eltern, insbesondere Tanten und Onkel sowie, in geringerem Ausmass, auch die Cousins der Eltern, spielen eine wichtige Rolle. Der Einfluss der Gross- und Urgrosseltern ist dagegen weniger bedeutsam.

Open Access Dieses Kapitel wird unter der Creative Commons Namensnennung 4.0 International Lizenz (http://creativecommons.org/licenses/by/4.0/deed.de) veröffentlicht, welche die Nutzung, Vervielfältigung, Bearbeitung, Verbreitung und Wiedergabe in jeglichem Medium und Format erlaubt, sofern Sie den/die ursprünglichen Autor(en) und die Quelle ordnungsgemäß nennen, einen Link zur Creative Commons Lizenz beifügen und angeben, ob Änderungen vorgenommen wurden.

Die in diesem Kapitel enthaltenen Bilder und sonstiges Drittmaterial unterliegen ebenfalls der genannten Creative Commons Lizenz, sofern sich aus der Abbildungslegende nichts anderes ergibt. Sofern das betreffende Material nicht unter der genannten Creative Commons Lizenz steht und die betreffende Handlung nicht nach gesetzlichen Vorschriften erlaubt ist, ist für die oben aufgeführten Weiterverwendungen des Materials die Einwilligung des jeweiligen Rechteinhabers einzuholen.

Hilfe beim Wohnortwechsel: Zukunftschance für Familien?

Nicolas Greber

Relevanz
Der Wohnort einer Familie beeinflusst die Zukunftschancen ihrer Kinder. Der Umzug in ein Wohnviertel, wo die künftigen Einkommen der Kinder über jenen ihrer Eltern liegen, verbessert die soziale Mobilität und verringert Armut über Generationen hinweg. Warum ziehen einkommensschwache Familien trotzdem nur selten in solche Chancengebiete? Diese Studie zeigt, dass neben finanzieller Unterstützung bereits einfache Hilfeleistungen, z. B. bei der Wohnungssuche, den Wohnortwechsel in Chancengebiete deutlich erleichtern und so die Perspektiven von Kindern einkommensschwacher Familien langfristig verbessern.

Quelle
Bergman, P., Chetty, R., DeLuca, S., Hendren, N., Katz, L. F., & Palmer, C. (2020). Creating moves to opportunity: experimental evidence on barriers to neighborhood. NBER Working Paper Series Nr. 26.164.

Die Wohngegend kann Wohlstand, Bildungsniveau und Gesundheit entscheidend beeinflussen. Diese Entwicklung beginnt bereits im Kindesalter und prägt eine Person ihr Leben lang. So ist beispielsweise das spätere Einkommen stark abhängig davon, wo jemand als Kind aufgewachsen ist. Gebiete, in denen das zukünftige Einkommen eines Kindes im Vergleich zu jenem der Eltern deutlich steigt, bezeichnet man als Chancengebiete. Wenn einkommensschwache Familien mit

N. Greber (✉)
Universität St. Gallen, St. Gallen, Schweiz
E-Mail: nicolasjoel.greber@student.unisg.ch

© Der/die Autor(en) 2024

C. Keuschnigg (Hrsg.), *Im Brennpunkt der Wirtschaftspolitik*,
https://doi.org/10.1007/978-3-658-44415-0_21

kleinen Kindern dorthin umziehen, kann dies die Aufstiegschancen der künftigen Generation verbessern und Armutsrisiken auf Dauer mindern. Jedoch ziehen z. B. in den USA nur wenige einkommensschwache Familien in solche Chancengebiete um, obschon die Mieten nicht höher sind als anderswo. Dadurch bleiben Aufstiegschancen für Kinder ungenutzt, was sich in niedriger sozialer Mobilität niederschlägt.

Ein Forscherteam um Raj Chetty, Nathaniel Hendren, Stefanie DeLuca und Lawrence F. Katz setzt an dieser Stelle an und untersucht, was genau Familien daran hindert, in Chancengebiete umzuziehen. Dazu haben die Wissenschaftlerinnen und Wissenschaftler zusammen mit den Bezirken Seattle und King County im US-Bundesstaat Washington ein Experiment durchgeführt. Dieses baut auf der staatlichen Mietunterstützung auf: Der Staat fördert einkommensschwache Familien, indem er nach einem Umzug für einen Teil der neuen Miete aufkommt. Die Familien müssen zwischen 30 und 40 % des jährlichen Einkommens für die Miete bezahlen, den Rest übernimmt der Staat. Die Forscher haben zufällig 430 Anträge auf Mietunterstützung von Familien mit Kindern unter 15 Jahren ausgewählt und in zwei Gruppen unterteilt: Die eine Hälfte – die sog. Behandlungsgruppe – hat zusätzlich zu den normalen Leistungen weitere Hilfen erhalten, um den Umzug in Chancengebiete weiter zu erleichtern. Die andere Hälfte diente als Kontrollgruppe und bekam diese zusätzlichen Hilfen nicht. Keine Familie, egal welcher Gruppe, war dabei verpflichtet, in ein Chancengebiet umzuziehen.

Die zusätzlichen Hilfsleistungen umfassten die Unterstützung durch Sozialarbeiter einer gemeinnützigen Organisation bei der Wohnungssuche. Sie erklärten den Familien beispielsweise, wo Chancengebiete liegen und welche Vorzüge ein Umzug dorthin verspricht. Diese Dienste wurden von den Familien sehr unterschiedlich beansprucht. Einige brauchten vor allem Unterstützung bei der Wohnungssuche, andere hatten Mühe beim Ausfüllen der Mietdokumente und nahmen dafür die Hilfe in Anspruch. Der Zeitaufwand der Sozialarbeiter betrug durchschnittlich sechs Stunden pro Familie. Zudem nahmen Programmmitarbeiter direkt mit Vermietern Kontakt auf, um ihnen das Experiment zu erläutern und sie zu ermuntern, Wohnungen an einkommensschwache Familien zu vermieten. Zusätzlich wurden den Vermietern Versicherungen angeboten. Schliesslich erhielten die Familien in der Behandlungsgruppe kurzfristig finanzielle Unterstützung, z. B. wurde beispielsweise das Mietzinsdepot bezahlt. Die Nettokosten für alle Zusatzleistungen betrugen pro Familie durchschnittlich 2660 US$.

Die Ergebnisse machen deutlich, dass erheblich mehr Familien der Behandlungsgruppe in Chancengebiete umzogen als der Kontrollgruppe. Die zusätzlichen Unterstützungsleistungen erhöhten den Anteil von Umzügen in Chancengebiete um 38 Prozentpunkte, wie Abb. 1 zeigt. Die Familien sind dabei in

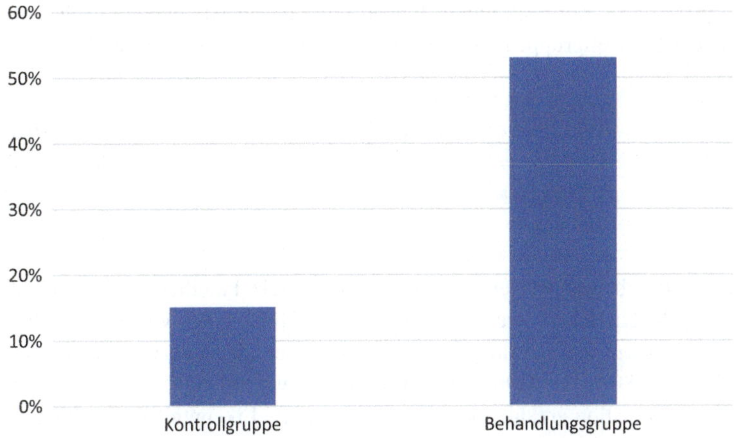

Abb. 1 Anteil der Familien, der in Chancengebiete umzog. (Quelle: Bergman et al. u. a. (2020), S. 20)

unterschiedliche Chancengebiete gezogen. Deshalb verursachte das Experiment selbst keine grossen Änderungen in der sozioökonomischen Zusammensetzung der betroffenen Wohnviertel. So wurde z. B. verhindert, dass aus einem Chancengebiet durch viele Zuzüge einkommensschwacher Familien ein sozioökonomisch schwaches Gebiet entsteht. Die Familien mussten aufgrund ihrer Teilnahme am Experiment beim Umzug in ein Chancengebiet auch keine Kompromisse eingehen. Ihre neuen Wohnungen waren im Durchschnitt circa vier Quadratmeter grösser.

Mit zusätzlicher Unterstützungsleistungen zogen 53 % aller Familien in Chancengebiete um; ohne zusätzliche Unterstützung waren es nur 15 %.

Bleiben die Familien auch langfristig in den Chancengebieten? Hier zeigen sich deutliche Unterschiede: Nach einem Jahr lebten 60 % der Familien der Behandlungsgruppe noch dort. In der Kontrollgruppe betrug dieser Anteil nur 19 %. Familien mit zusätzlichen Unterstützungsleistungen bleiben also eher in den Chancengebieten. Die Forscher konnten auch zeigen, dass deren Zufriedenheit mit den neuen Wohngebieten deutlich höher war. 64 % der Familien mit den zusätzlichen

Hilfeleistungen waren nach einem Jahr in ihren neuen Wohnvierteln sehr zufrieden. In der Kontrollgruppe gaben dies mit 46 % deutlich weniger Familien an.

Von den Familien, welche zusätzliche Hilfen bekommen hatten, waren nach einem Jahr 64 % sehr zufrieden mit ihrem neuen Wohnviertel, in der Kontrollgruppe betrug dieser Anteil 46 %.

All diese Ergebnisse weisen darauf hin, dass viele Familien deshalb nicht in Chancengebieten leben, weil unüberwindbare Hürden sie von einem Umzug dorthin abhalten. Zur Evaluation der Wirksamkeit der Interventionen hat das Forscherteam 80 % der Familien befragt. Dabei war wichtig, dass sie über ihre spezifische Situation erzählen konnten. Die zentrale Erkenntnis dieser Interviews war, dass das Programm mit zusätzlichen Unterstützungsleistungen deshalb so wirkungsvoll war, weil es auf die individuellen Bedürfnisse jeder Familie angepasst wurde. Den Familien standen alle Angebote zur Verfügung, sie konnten sie aber je nach Bedarf in Anspruch nehmen. Ein individuelles Lösungspaket aus Unterstützung bei der Wohnungssuche, Hilfe beim Verfassen der Bewerbungsdokumente, Informationen über Chancengebiete und kurzfristige finanzielle Unterstützungen konnte die Hürden abbauen. Gerade die emotionale Unterstützung durch die Sozialarbeiter wurde von den Familien sehr geschätzt wie auch die Informationen über den Umzug in Chancengebiete.

Wie gross ist der Einfluss eines Umzugs in ein Chancengebiet auf die Zukunftsperspektiven der Kinder? Das Forscherteam schätzt, dass ein Kind, dessen Familie nach der Geburt in ein Chancengebiet umzieht, im Alter von 30 Jahren rund 3000 US$ pro Jahr mehr verdienen wird, als wenn dieser Umzug nicht stattfindet. Hochgerechnet auf das ganze Erwerbsleben schätzen die Autoren das zusätzliche Einkommen auf 214 000 US$. Das entspricht einem Anstieg von 8,4 %. Der Umzug in ein Chancengebiet verbessert also langfristig das Lebenseinkommen und den ökonomischen Status der Kinder.

Das Lebenseinkommen eines Kindes, dessen Familie nach seiner Geburt in ein Chancengebiet umzieht, wird um durchschnittlich 214 000 US$ zunehmen.

Das in dieser Studie untersuchte Programm zeigt, dass viele Hürden einkommensschwache Familien davon abhalten, in Chancengebiete umzusiedeln. Diese können mit kurzfristigen finanziellen Hilfen und einfachen Unterstützungsleistungen durch Sozialarbeiter aus dem Weg geräumt werden. Essenziell ist dabei, dass auf die individuellen Bedürfnisse der Familien eingegangen wird. So kann die gezielte Unterstützung bei der Wohnungssuche einkommensschwachen Familien dabei helfen, die soziale Mobilität zu verbessern und generationenübergreifende Armut zu verringern.

Open Access Dieses Kapitel wird unter der Creative Commons Namensnennung 4.0 International Lizenz (http://creativecommons.org/licenses/by/4.0/deed.de) veröffentlicht, welche die Nutzung, Vervielfältigung, Bearbeitung, Verbreitung und Wiedergabe in jeglichem Medium und Format erlaubt, sofern Sie den/die ursprünglichen Autor(en) und die Quelle ordnungsgemäß nennen, einen Link zur Creative Commons Lizenz beifügen und angeben, ob Änderungen vorgenommen wurden.

Die in diesem Kapitel enthaltenen Bilder und sonstiges Drittmaterial unterliegen ebenfalls der genannten Creative Commons Lizenz, sofern sich aus der Abbildungslegende nichts anderes ergibt. Sofern das betreffende Material nicht unter der genannten Creative Commons Lizenz steht und die betreffende Handlung nicht nach gesetzlichen Vorschriften erlaubt ist, ist für die oben aufgeführten Weiterverwendungen des Materials die Einwilligung des jeweiligen Rechteinhabers einzuholen.

Privatsphäre im Internet: Gewinner und Verlierer

Nicolas Greber

Relevanz

Seit 2018 gilt in der Europäischen Union die Datenschutz-Grundverordnung. Dadurch sollen persönliche Daten im Internet besser geschützt werden. Unternehmen müssen die Besucher ihrer Internetseite explizit fragen, welche Daten sie sammeln dürfen und müssen eine «Verzichtsoption» anbieten. Wie stark wird die neue Verzichtsoption genutzt? Und welchen Einfluss hat diese Verordnung auf datenbasierte Unternehmen? Die vorliegende Studie zeigt, dass viele Internetnutzer von der neuen Verzichtsoption Gebrauch machen und ihre persönlichen Daten besser schützen. Trotzdem können datenbasierte Unternehmen das Kaufverhalten der Nutzer nicht schlechter abschätzen als zuvor. Denn jene Nutzer, welche der Datensammlung zustimmen, sind mit der neuen Regelung meist einfacher nachzuverfolgen.

Quelle

Guy, A., Che, Y.-K., & Salz, T. (2020). The economic consequences of data privacy regulation: Empirical evidence from GDPR. National Bureau of Economic Research.

Jede Person hinterlässt Spuren im Internet. Wer seine Privatsphäre nicht aktiv schützt, gibt viele Informationen preis. Umfang und Präzision der von Unternehmen gesammelten Konsumentendaten nehmen immer weiter zu. Auch die

N. Greber (✉)
Universität St. Gallen, St. Gallen, Schweiz
E-Mail: nicolasjoel.greber@student.unisg.ch

© Der/die Autor(en) 2024

C. Keuschnigg (Hrsg.), *Im Brennpunkt der Wirtschaftspolitik*,
https://doi.org/10.1007/978-3-658-44415-0_22

Technologien zur Datenverarbeitung verbessern sich ständig. Diese Entwicklung ermöglicht es Firmen, ihre Produkte und Dienstleistungen zu verbessern und gezielter anzubieten. Das macht Daten wertvoll, sodass sie schon öfter als „das neue Öl" bezeichnet werden. Gleichzeitig wird auch der Datenschutz für Nutzer wichtiger. Denn viele werden sich ihrer Spuren im Internet bewusst. Dazu tragen auch Datenskandale bei, wie jener 2019 um die Firma Cambridge Analytica, welche persönliche Daten von Millionen Facebook-Nutzer ohne deren Zustimmung für politische Werbung verwendet hatte.

Aufgrund solcher Entwicklungen ist das Thema Datenschutz im Internet in der politischen Diskussion stärker präsent. Die Europäische Union hat 2018 die Datenschutz-Grundverordnung erlassen. Das Ziel ist, dass Firmen die Kontrolle über die Speicherung personenbezogener Daten den Internetnutzer überlassen. Bevor Daten gesammelt werden dürfen, müssen sie die Zustimmung ihrer Kundschaft einholen. Eine solche Anfrage taucht meistens direkt auf, wenn eine Seite besucht wird. Üblicherweise besteht die Möglichkeit, die Einstellungen zur Datenspeicherung zu verändern (Verzichtsoption) oder zu akzeptieren.

Von der neuen Verordnung profitieren jene Internetnutzer am meisten, welche ihre Privatsphäre besser schützen möchten. Wie stark machen sie von den neuen Möglichkeiten Gebrauch, weniger persönliche Daten preiszugeben? Datenbasierte Unternehmen hingegen werden bei der Sammlung und Auswertung von Daten eingeschränkt. Wie wirkt sich die Datenschutz-Grundverordnung auf ihre Fähigkeit aus, Konsumenten zu beobachten und ihre Kaufabsichten zu prognostizieren? Die Ökonomen Guy Aridor, Yeon-Koo Che und Tobias Salz von der Columbia University und dem Massachusetts Institute of Technology gehen diesen Fragen nach. Dazu werteten die Wissenschaftler einen umfassenden Datensatz aus. Dieser enthält die gesammelten Daten über Internetnutzer bei den grössten Online-Reisebüros und Reise-Suchmaschinen in mehr als vierzig Ländern während des ersten Halbjahrs 2018. Die Informationen stammen von einem anonymen Reisevermittler, dessen Geschäftsmodell unter anderem auf der Sammlung von diesen Konsumentendaten basiert. In den Beobachtungszeitraum fällt die Einführung der Datenschutz-Grundverordnung am 25. März 2018. Weil diese nur die Europäische Union betrifft, können die Forscher die unterschiedlichen Entwicklungen des Nutzerverhaltens zwischen den EU- und Nicht-EU-Staaten vergleichen und daraus ihre Schlüsse ziehen.

Eine wichtige Methode bei der Datensammlung ist die Verwendung sogenannter Cookies. Dies sind kleine Dateien, die beim Besuch einer Internetseite auf dem Computer platziert werden. Das Cookie speichert Informationen beispielsweise darüber, welche Webseiten angeschaut werden und was gekauft wird. Besucht man die ursprüngliche Internetseite später erneut, übermittelt das Cookie jene Informationen an den Anbieter. Dieser kann so zielgerichtet Werbung schalten und die Zahlungsbereitschaft seiner Kundschaft einschätzen. Manche Unternehmen nutzen solche Informationen auch für benutzerabhängige Preise.

Zwar gab es bereits vor Einführung der Datenschutz-Grundverordnung Möglichkeiten, sich gegen diese Art der Datensammlung zu schützen, etwa durch das manuelle Löschen von Cookies. Die vorübergehende Platzierung von Cookies wurde dadurch allerdings nicht verhindert. Die Datenschutz-Grundverordnung änderte dies: Die Konsumenten können nun beim Besuch der Webseite entscheiden, ob das Unternehmen nicht-notwendige Cookies platzieren darf. Sie können dabei eine Verzichtsoption auswählen. Dann dürfen keine Cookies mehr platziert werden, auch keine temporären.

Die Summe der gespeicherten Cookies hat in der EU nach der Einführung der Datenschutz-Grundverordnung um 12,5 % abgenommen.

Wie stark machen die Internetnutzer von der neuen Verzichtsoption Gebrauch? Die Forscher zeigen, dass die Summe aller Cookies nach der Einführung der Datenschutz-Grundverordnung um 12,5 % abnahm. Ein Teil der Internetnutzer wählte die Verzichtsoption. Abb. 1 stellt den Verlauf der mit Cookies registrierten Suchanfragen dar. Die schwarzen Punkte repräsentieren Staaten in der EU, die hellen Punkte Staaten ausserhalb. Der vertikale Strich symbolisiert die Einführung der Datenschutz-Grundverordnung. Mit Einführung der Datenschutz-Grundverordnung nahmen die registrierten Suchanfragen in der EU signifikant ab, ausserhalb der EU hingegen nicht.

Insgesamt kann der Anbieter weniger Besucher seiner Webseite nachverfolgen. Doch wie gut lässt sich das Verhalten der verbleibenden Nutzer, die der Datensammlung zustimmen, beobachten? Die Schätzungen zeigen, dass diese Nutzer nach Einführung der Datenschutz-Grundverordnung über einen längeren Zeitraum beobachtet werden können als zuvor: Der Anteil der Cookies, welche etwa nach vier Wochen immer noch aktiv Informationen übermitteln, steigt um rund acht Prozent. Die Wissenschaftler führen diesen Anstieg darauf zurück, dass sich die Zusammensetzung der Internetnutzer verändert. Jene, welche zuvor Cookies manuell gelöscht oder blockiert hatten, wählten die Verzichtsoption. Bei ihnen wurden keine Cookies mehr platziert. Sie blieben daher für die Unternehmen unerkannt und tauchten im Datensatz überhaupt nicht mehr auf.

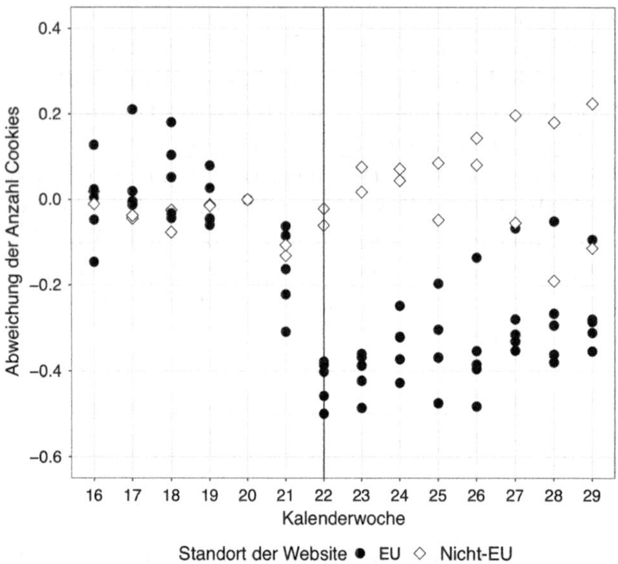

Abb. 1 Anzahl gespeicherter Cookies einer multinationalen Internetseite (im Vergleich zu Kalenderwoche 20). (Quelle: Guy et al. u. a. (2020), Abb. 3.)

Die Datenschutz-Grundverordnung führt dazu, dass Anbieter die verbleibenden Internet-Nutzer besser beobachten können: Der Anteil aktiver Cookies ist nach vier Wochen um acht Prozent höher.

Schliesslich analysierten die Forscher, wie die Datenschutz-Grundverordnung die Fähigkeit der Unternehmen beeinflusst, das Konsumentenverhalten zu prognostizieren. So schätzt der betreffende Anbieter, ein Online-Reisevermittler, die Wahrscheinlichkeit, dass ein Besucher auf einer Webseite etwas kaufen wird. Zwei gegenläufige Effekte beeinflussen die Prognosequalität: Einerseits verringert die Verordnung die Anzahl der Cookies. Der Anbieter verfügt also über weniger Daten. Andererseits sind die verbleibenden Nutzer besser nachzuverfolgen. Die Schätzungen zeigen, dass sich die Prognosequalität durch Einführung der Verordnung nicht verschlechterte. Nach einer schwachen Anfangsphase nahm die Qualität der Prognosen sogar ein bisschen zu, allerdings nicht signifikant.

Anbieter können das Kaufverhalten von Konsumenten nach der Einführung der Verordnung nicht weniger gut einschätzen als zuvor.

Die Studie macht deutlich, dass viele Konsumenten die neuen Möglichkeiten der Datenschutz-Grundverordnung nutzen und die Preisgabe persönlicher Daten ablehnen. Gleichzeitig können datenbasierte Unternehmen jene Nutzer, welche die Datensammlung akzeptieren, nach Einführung der Verordnung tendenziell besser nachverfolgen. Auch wenn weniger Daten gesammelt werden, können Anbieter das Kaufverhalten daher nach Inkraftsetzung der Verordnung nicht schlechter einschätzen als zuvor.

Open Access Dieses Kapitel wird unter der Creative Commons Namensnennung 4.0 International Lizenz (http://creativecommons.org/licenses/by/4.0/deed.de) veröffentlicht, welche die Nutzung, Vervielfältigung, Bearbeitung, Verbreitung und Wiedergabe in jeglichem Medium und Format erlaubt, sofern Sie den/die ursprünglichen Autor(en) und die Quelle ordnungsgemäß nennen, einen Link zur Creative Commons Lizenz beifügen und angeben, ob Änderungen vorgenommen wurden.

Die in diesem Kapitel enthaltenen Bilder und sonstiges Drittmaterial unterliegen ebenfalls der genannten Creative Commons Lizenz, sofern sich aus der Abbildungslegende nichts anderes ergibt. Sofern das betreffende Material nicht unter der genannten Creative Commons Lizenz steht und die betreffende Handlung nicht nach gesetzlichen Vorschriften erlaubt ist, ist für die oben aufgeführten Weiterverwendungen des Materials die Einwilligung des jeweiligen Rechteinhabers einzuholen.

Wie viel Reichtum verhindern Vermögenssteuern?

Tabea Mündlein

Relevanz
Der Reichtum eines Landes besteht im Wert der Produktionsanlagen, welche die Unternehmen betreiben, und der Immobilien mit dem Boden, welche Haushalte und Unternehmen nutzen. Auch der Staat häuft Vermögen in Form von öffentlicher Infrastruktur an, die alle nutzen. Angesichts der Konzentration der Finanz- und Immobilienvermögen bei den Reichsten stehen Vermögenssteuern zunehmend im Brennpunkt der Diskussion, um die Ungleichheit zu mindern. Die Vermögenssteuern zahlen die Reichen, denn nur bei ihnen ist das Vermögen konzentriert. Doch was sind die Konsequenzen? Wie viel Vermögen verhindern die Vermögenssteuern?

Quelle
Jakobsen, K., Jakobsen, K., Kleven, H., & Zucman, G. (2020). Wealth taxation and wealth accumulation: theory and evidence from Denmark. *Quarterly Journal of Economics, 135*(1), 329–388.

Wie wirken sich Vermögenssteuern auf die Vermögensbildung von Haushalten aus? Diese Frage ist entscheidend dafür, ob und wie hoch der Staat Kapitaleinkommen und Vermögen besteuern sollte. Zur Besteuerung von Kapitaleinkommen gibt es zwar schon viele Veröffentlichungen. Wie Vermögenssteuern die langfristige Vermögensbildung beeinflussen, ist aber noch wenig erforscht. Die Ökonomen Katrine Jakobsen, Kristian Jakobsen, Henrik Kleven und Gabriel

T. Mündlein (✉)
Universität St. Gallen, St. Gallen, Schweiz
E-Mail: tabea.muendlein@student.unisg.ch

© Der/die Autor(en) 2024

C. Keuschnigg (Hrsg.), *Im Brennpunkt der Wirtschaftspolitik*,
https://doi.org/10.1007/978-3-658-44415-0_23

Zucman von den Universitäten Kopenhagen, Berkeley und Stanford gehen dieser Frage nach.

Zu diesem Zweck werten sie administrative Vermögensaufzeichnungen aus Dänemark aus. Dänemark erhob traditionell einen der weltweit höchsten (Grenz-) Steuersätze auf Vermögen. Jedoch senkte es die Vermögenssteuer 1989 drastisch und schaffte sie schliesslich 1997 ganz ab. Für das Forscherteam stellt diese stufenweise Abschaffung ein Quasi-Experiment dar. Anhand dessen können sie analysieren, wie die wohlhabendsten Bevölkerungsschichten auf Vermögenssteueränderungen reagieren und langfristig ihre Vermögensbildung anpassen.

Dafür verwenden die Wissenschaftler einen Datensatz der dänischen Behörden mit Informationen zu den Privatvermögen aller dänischen Haushalte von 1980 bis 1996. Kaum ein Land verfügt über derart detaillierte Aufzeichnungen von Vermögensdaten über einen längeren Zeitraum. Im Fokus der Arbeit stehen die sehr wohlhabenden Haushalte, welche dem 1 % der reichsten Haushalte entsprechen.

Die Autoren nutzen eine Besonderheit des dänischen Steuersystems, welches eine generelle Obergrenze für alle persönlichen Steuern (z. B. Einkommens- und Vermögenssteuern, Sozialversicherungsbeiträge) vorsieht. Einige der reichsten Haushalte überschreiten die Obergrenze, sodass ihre Steuerschuld auf den Betrag der Obergrenze «limitiert» ist. Das bedeutet, dass jedes zusätzlich angesparte Vermögen die Steuerschuld nicht mehr erhöhen kann und somit der Grenzsteuersatz auf null fällt. Auf zusätzlich angehäuftes Vermögen bezahlen sie keine Steuern mehr. Haushalte, deren Gesamtsteuerschuld die Obergrenze noch nicht erreicht und damit «nicht limitiert» ist, müssen dagegen mit jedem weiteren Vermögen auch mehr Vermögenssteuer bezahlen und unterliegen daher einem hohen Grenzsteuersatz.

Im Jahr 1989 beschloss Dänemark eine Steuersenkung, welche den Vermögenssteuersatz von 2,2 % auf 1 % mehr als halbierte. Die Steuerobergrenze führte allerdings zu sehr unterschiedlichen Effekten auf die reichsten Haushalte: die nicht-limitierten Haushalte mit einem Vermögen unterhalb der Grenze profitierten vollumfänglich von der Senkung des Steuersatzes. Ihr Anreiz zu mehr Vermögensbildung wurde mächtig gestärkt. Limitierte, sehr reiche Haushalte, deren Vermögen die Obergrenze überstieg, konnten dagegen nicht von der Steuersenkung profitieren und mussten weiterhin die maximale Steuerschuld gleich der Obergrenze bezahlen. Sie sollten daher weniger stark bis gar nicht auf die Steuersenkung reagieren. Diese Unterschiede unter den Wohlhabenden ermöglicht es den Ökonomen, die Auswirkungen von Vermögenssteuern auf die Vermögensentwicklung der reichen Bevölkerung Dänemarks zu schätzen. Konkret vergleichen sie das Verhalten von «limitierten» und «nicht limitierten» Haushalten innerhalb des obersten Prozents der Vermögensverteilung und können so die Auswirkungen der Steuersenkung quantifizieren.

Die Darstellung der Vermögenstrends bei den reichsten Haushalten ergibt eine erste wichtige Erkenntnis: Die Reform der Vermögenssteuer hat beträchtliche Auswirkungen auf das zu versteuernde Vermögen (Abb. 1). Auf der Vertikalen ist die prozentuale Veränderung des steuerbaren Vermögens der sehr wohlhabenden Haushalte abgetragen.

Die rote Kurve zeigt das Vermögenswachstum der nicht-limitierten Haushalte, welche die maximale Steuerschuld (Obergrenze) noch nicht erreicht haben und somit auf jedes zusätzliche Vermögen die volle Vermögenssteuer bezahlen müssen. In der Zeit vor der Reform weist es ein leicht niedrigeres Wachstum auf als das Vermögen der reichsten Haushalte, deren Steuerschuld mit der Obergrenze limitiert ist und die daher auf zusätzliches Vermögen einen Grenzsteuersatz von Null haben. Letzteres ist durch die schwarze Kurve beschrieben. Dieses Muster kehrt sich unmittelbar nach der Steuersenkung 1989 um: Das Vermögen der nicht-limitierten Haushalte wächst schneller, da sie voll von der Steuersenkung profitieren. Die Autoren deuten diese Trendwende als Evidenz dafür, dass die

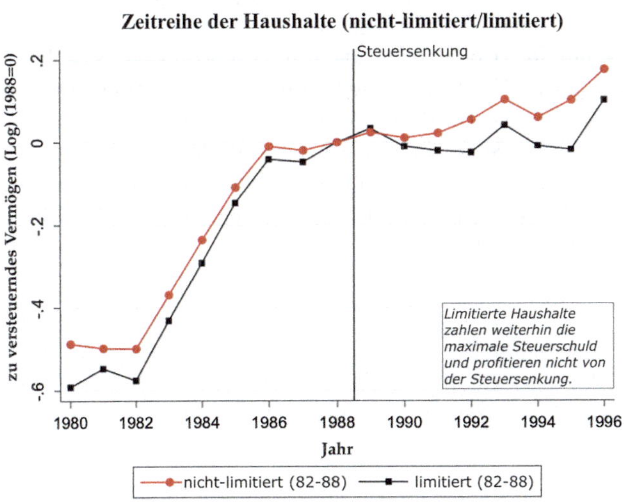

Abb. 1 Vermögensentwicklung der reichsten Haushalte, limitierte und nicht-limitierte Steuerzahler. (Quelle: Jakobsen et al. u. a. (2020), Abb. 6)

Vermögensbildung auf niedrigere Vermögenssteuern reagieren und die Haushalte mehr Vermögen aufbauen.

Die Forscher können so zeigen, dass Vermögenssteuern einen deutlichen Einfluss auf das steuerbare Vermögen haben. Dies ist ein überzeugendes Ergebnis, da die Vermögenstrends in beiden Gruppen vor der Reform parallel verlaufen und erst danach divergieren. Der Aufbau von Vermögen braucht jedoch viel Zeit. Deshalb sind die Wirkungen der Steuersenkung langfristig stärker als unmittelbar nach der Reform. Etwa nach acht Jahren hat die Reform das Vermögen reicher Haushalte, die von der Steuersenkung profitieren konnten, um rund 31 % erhöht.

Die reichsten Haushalte reagieren in ihrer Vermögensbildung sehr stark auf Steueranreize. Die Senkung des Vermögenssteuersatzes in Dänemark von 2,2 auf 1 % steigerte bei den betroffenen Haushalten das steuerbare Vermögen nach acht Jahren um etwa 31 %.

Auf lange Sicht multiplizieren sich die Auswirkungen der Vermögensbesteuerung. Der Vermögenszuwachs ist nach 30 Jahren sogar mehr als doppelt so gross wie nach acht Jahren. Anhand von Simulationen schätzen die Forscher, dass die reichsten Haushalte, die von der Steuersenkung profitieren konnten, nach 30 Jahren ihr Vermögen um rund 65 % steigerten.

Jakobsen und ihre Co-Autoren führen diese Entwicklung sowohl auf verhaltensbezogene als auch auf mechanische Effekte zurück. Selbst wenn die Haushalte gar nicht auf Änderungen bei Vermögenssteuern reagieren, wird allein die höhere Rendite nach Steuern rein mechanisch ihr Vermögen im Laufe der Zeit vergrössern. Sie kommen jedoch zu dem Ergebnis, dass die Verhaltensänderungen der Haushalte die Vermögensbildung wesentlich stärker ankurbeln als die rein mechanischen Renditeeffekte.

Acht Jahre nach der Steuersenkung ist der Effekt von Verhaltensänderungen der Haushalte auf das Vermögenswachstum etwa vier bis fünf Mal so gross wie der mechanische Effekt der Renditesteigerungen.

Die mechanischen Effekte gewinnen jedoch langfristig aufgrund von Zinseszinseffekten deutlich an Bedeutung. Nach 30 Jahren machen sie etwa ein Drittel des Gesamteffekts aus. Die Verhaltensänderungen umfassen etwa zusätzliche Ersparnisse und höhere Erbschaften. Die Entscheidung darüber, wieviel jemand seinen Erben hinterlassen möchte, ist insbesondere für die Vermögensbildung der sehr Wohlhabenden relevant.

Welche Auswirkungen haben Vermögenssteuern? Die Studie von Katrine Jakobsen und ihren Ko-Autoren macht deutlich, dass Vermögenssteuern die Vermögensbildung stark beeinflussen. Da die Vermögen stark bei den sehr vermögenden Haushalten konzentriert sind, können auch nur diese von Steuersenkungen profitieren und ihre Vermögen vergrössern. Mittelfristig sind dafür sowohl Verhaltensveränderungen wie z. B. zusätzliche Ersparnisse als auch die höhere Rendite nach Steuern verantwortlich. Vermögenssteuern können daher eine wichtige Stellschraube sein, um beispielsweise langfristige Spar- und Konsumentscheidungen von sehr wohlhabenden Haushalten und die oft ungleiche Vermögensverteilung zu beeinflussen.

Open Access Dieses Kapitel wird unter der Creative Commons Namensnennung 4.0 International Lizenz (http://creativecommons.org/licenses/by/4.0/deed.de) veröffentlicht, welche die Nutzung, Vervielfältigung, Bearbeitung, Verbreitung und Wiedergabe in jeglichem Medium und Format erlaubt, sofern Sie den/die ursprünglichen Autor(en) und die Quelle ordnungsgemäß nennen, einen Link zur Creative Commons Lizenz beifügen und angeben, ob Änderungen vorgenommen wurden.

Die in diesem Kapitel enthaltenen Bilder und sonstiges Drittmaterial unterliegen ebenfalls der genannten Creative Commons Lizenz, sofern sich aus der Abbildungslegende nichts anderes ergibt. Sofern das betreffende Material nicht unter der genannten Creative Commons Lizenz steht und die betreffende Handlung nicht nach gesetzlichen Vorschriften erlaubt ist, ist für die oben aufgeführten Weiterverwendungen des Materials die Einwilligung des jeweiligen Rechteinhabers einzuholen.

Banken

Wer verschuldet sich beim Kreditgeber letzter Instanz?

Lia Sonvilla

Relevanz
Zentralbanken sind die Kreditgeber letzter Instanz. Sie finanzieren Geschäftsbanken selbst dann, wenn kaum andere Anleger dazu bereit sind. Dies trägt dazu bei, Liquiditätsengpässe oder gar destabilisierende Bankenpaniken zu verhindern. Doch nehmen Geschäftsbanken Zentralbankkredite vor allem deshalb auf, um Liquidität sicherzustellen, oder gibt es auch andere Gründe dafür? Die vorliegende Studie analysiert die Kreditvergabe der Europäischen Zentralbank (EZB) an Geschäftsbanken während der Staatsschuldenkrise in der Eurozone. Die Ergebnisse deuten darauf hin, dass schwache Banken mit wenig Eigenkapital überproportional viele Kredite bei der EZB aufnahmen und gleichzeitig Staatsanleihen europäischer Krisenstaaten kauften. Dies ging mit der Umverteilung risikobehafteter Vermögenswerte von stark zu schwach kapitalisierten Banken einher.

Quelle

Itamar, D., Drechsel, T., Marques-Ibanez, D., & Schnabl, P. (2016). Who borrows from the lender of last resort? *Journal of Finance, 71,* 1933–1974.

Vertrauen spielt im Bankensystem wohl die wichtigste Rolle. Schwindet das Vertrauen, kann es zur Bankenpanik kommen. Viele Sparer ziehen zeitgleich ihre Einlagen ab und Anleger sind nicht mehr bereit, die Bank zu finanzieren. Da Banken nur

L. Sonvilla (✉)
Universität St. Gallen, St. Gallen, Schweiz
E-Mail: lia.sonvilla@student.unisg.ch

© Der/die Autor(en) 2024

C. Keuschnigg (Hrsg.), *Im Brennpunkt der Wirtschaftspolitik,*
https://doi.org/10.1007/978-3-658-44415-0_24

wenig Liquidität vorrätig halten und ihre Vermögenswerte vor allem aus langfristigen Krediten bestehen, kann Illiquidität ihren Kollaps bedeuten. Ein solches Szenario zu verhindern ist eine der Hauptaufgaben von Zentralbanken. Als Kreditgeber letzter Instanz helfen sie, Liquiditätsengpässe bei Banken zu vermeiden. Allein durch ihr Versprechen im Notfall Banken schnell und unlimitiert Kredite zur Verfügung zu stellen, stärken die Zentralbanken das Vertrauen der Kunden in die Sicherheit ihrer Einlagen und können so den Ausbruch einer Panik verhindern.

Worin genau besteht die Motivation der Geschäftsbanken, einen Zentralbankkredit aufzunehmen? Neben der Vermeidung von Liquiditätsengpässen gibt es noch weitere Gründe, die durchaus problematisch sein können. Gerade schwache Banken mit wenig Eigenkapital haben oft einen Anreiz, solche Kredite in Anspruch zu nehmen und gleichzeitig in risikoreiche Anlagen zu investieren. Denn ihre Eigentümer können so höhere Gewinne erzielen, tragen aber aufgrund der beschränkten Haftung nicht die vollen Kosten einer möglichen Insolvenz.

Zentralbanken sind daher herausgefordert, die Auswirkungen ihrer Kreditvergabe an Geschäftsbanken stets zu beobachten und deren Nutzen und Kosten abzuwägen. Denn einerseits verhindern solche Kredite Illiquidität und einen Vertrauensverlust der Bankkunden, andererseits können sie Fehlanreize verstärken und die Stabilität der Banken untergraben.

Deshalb sollte eine Zentralbank zunächst wissen, welche Banken sich aus welchen Motiven bei ihr verschulden. In der Studie geht ein Forscherteam um Philipp Schnabl und Itamar Drechsler von der New York University und der EZB genau dieser Frage nach. Sie untersuchen die Vergabe von Krediten durch die EZB während der Staatschuldenkrise 2010. Diese gelten als eine der grössten Kreditprogramme in der Geschichte.

Wie vergibt die EZB Kredite an Geschäftsbanken? Jedem Kredit steht eine Sicherheit gegenüber, die sie im Notfall verpfänden kann. Besonders häufige Sicherheiten sind Staatsanleihen, deren Wert jedoch schwankt. Je nach Höhe des Risikos, zieht die EZB deshalb einen Betrag ab. Dieser sogenannte «Haircut» dient als Puffer für mögliche Wertverluste. Bietet die Geschäftsbank beispielsweise Staatsanleihen im Wert von einer Million Euro als Sicherheit, erhält sie bei einem Haircut von 20 % einen Kredit von 800 000 €. Seit der Finanzkrise unterliegen risikoreiche Sicherheiten jedoch niedrigeren Haircuts als an privaten Märkten üblich. Dies wird als «Haircut Subvention» bezeichnet, da die Banken bei der EZB einen höheren Kredit für dieselben Sicherheiten erhalten.

Je nach Höhe des Risikos einer Sicherheit, erhält eine Geschäftsbank einen Kredit bei der EZB. Die EZB schlägt allerdings einen Betrag als Puffer für mögliche Wertverluste ab («Haircut»). Während der Finanzkrise 2008 wurde der Haircut für risikoreiche Sicherheiten gesenkt.

Eine zentrale Leistung der vorliegenden Studie besteht in der Verwendung neuer, detaillierter Daten zu allen wöchentlichen Krediten der EZB zwischen August 2007 und Dezember 2011. Dabei sammelten die Autoren Informationen zur Höhe des Kredites, zu den Haircuts und zur Fälligkeit. Ausserdem erfassten sie das Risikoprofil der Banken anhand ihres Ratings sowie weiterer Merkmale. Der Datensatz umfasst 284 europäische Banken. Rund ein Fünftel davon befand sich in Ländern, welche im Beobachtungszeitraum in eine Staatsschuldenkrise gerieten, wie Zypern, Griechenland oder Irland. Die Bilanz einer typischen Bank hatte einen Umfang von 121 Mrd. €. Ihre Vermögenswerte, überwiegend Kredite, wurden zu rund zwei Dritteln durch Spareinlagen finanziert. Der Anteil des Eigenkapitals lag, je nach Berechnung, zwischen sechs und elf Prozent. Beachtlich ist, dass jede Woche mehr als die Hälfte der Banken Zentralbankkredite aufnahmen. Über den beobachteten Zeitraum nahm eine Bank durchschnittlich Kredite in Höhe von 1,8 Mrd. € auf.

Die 284 Banken hatten eine durchschnittliche Bilanzgrösse von 121 Mrd. €. Bloss 6 bis 11 % der Vermögenswerte waren durch Eigenkapital gedeckt und das durchschnittliche Rating der Banken lag zwischen A+ und A−.

Im Oktober 2008 hatte die EZB Kredite an Geschäftsbanken in Höhe von rund 735 Mrd. € vergeben. Im Juli 2009 sowie Juni 2010 erreichten diese Kredite mit rund 800 Mrd. € pro Monat einen Höchststand. Das lag daran, dass die EZB während der Krise Kredite mit längeren Laufzeiten anbot, welche für die Banken besonders attraktiv waren. Anschliessend reduzierte sie die Kreditvergabe allmählich auf etwa 250 Mrd. € bis zu einer erneuten Trendumkehr im Juni 2011. Die Sicherheiten auf der anderen Seite blieben stabil bei rund 1,9 Billionen €. Über den beobachteten Zeitraum verlangte die EZB einen durchschnittlichen Haircut von 8,5 % auf die hinterlegten Sicherheiten.

Welche Banken verschulden sich in erster Linie bei der EZB? Wenn das Hauptmotiv für einen Zentralbankkredit darin besteht, damit in riskante Anlagen zu investieren, müssten sich Banken mit wenig Eigenkapital und tiefem Rating überproportional stark bei der EZB verschulden. In der Tat bestätigen die quantitativen Schätzungen diese Hypothese: Zum einen zeigen die Forscher, dass sich schwächere Banken mit wenig Eigenkapital während der Krise vermehrt bei der Zentralbank verschuldeten. Verschlechtert sich das Rating einer Bank um zwei Stufen (z. B. von AAA auf AA), erhöht sich die Wahrscheinlichkeit eines Zentralbankkredits um durchschnittlich elf Prozentpunkte und die Höhe des Kredits um rund 15 %. Allerdings machen Schnabl und seine Ko-Autoren darauf aufmerksam, dass diese Ergebnisse lediglich für die zweite Hälfte der Krise zutreffen. Das ist ein Indiz dafür, dass der Anreiz, mehr Risiken einzugehen, stärker wurde, je länger die Finanz- und Staatsschuldenkrise andauerte. Zum anderen macht die Untersuchung deutlich, dass kapitalschwache Banken im Gegenzug für die Kredite der EZB vermehrt risikobehaftete Sicherheiten hinterlegten und somit von der erwähnten Haircut Subvention Gebrauch machten. Wird das Rating einer Bank um zwei Stufen herabgestuft, reduziert sich auch das Rating ihrer Sicherheiten um ein Fünftel des ursprünglichen Werts.

Verschlechtert sich das Rating um zwei Stufen, erhöht sich die Wahrscheinlichkeit der Kreditaufnahme bei der EZB um 11 Prozentpunkte und die Höhe des Kredits um 15 %.

Ändern sich die Ergebnisse, wenn man Unterschiede zwischen Mitgliedstaaten der Eurozone berücksichtigt? Sind Banken in wirtschaftlich angeschlagenen Ländern stärker betroffen, spräche dies dafür, dass sie Zentralbankkredite hauptsächlich aus Liquiditätsgründen aufnehmen. Jedoch ist die wirtschaftliche Lage der Staaten kaum ein ausschlaggebender Faktor dafür. Selbst wenn man die Unterschiede zwischen den Staaten berücksichtigt, nehmen Banken mit hohem Insolvenzrisiko überproportional Kredite bei der EZB auf. Jedoch ist der Zusammenhang schwächer ausgeprägt.

Noch deutlicher wird es, wenn man nur Banken aus den wirtschaftlich stabilen Ländern betrachtet. Dort kam es zu weniger Abflüssen von Spareinlagen oder Bankpaniken, weshalb das Liquiditätsmotiv schwächer ist. Die Ökonomen zeigen aber, dass auch in jenen Ländern das Rating einen Einfluss auf die Kreditaufnahme sowie die Qualität der Sicherheiten hat.

Wie veränderte sich dadurch die Verteilung von risikobehafteten Sicherheiten innerhalb des Bankensystems? Zu diesem Zweck konzentrierten sich die Forscher auf Staatsanleihen europäischer Krisenstaaten. Sie verglichen die Bestände jener Anleihen von gut kapitalisierten Banken mit geringem Insolvenzrisiko und schwach kapitalisierten Banken mit hohem Insolvenzrisiko. Insgesamt nahmen die Anleihenbestände der Banken von 74 Mrd. € im Jahr 2008 auf 119 Mrd. € im Jahr 2009. Abb. 1 zeigt die Umverteilung dieser risikoreichen Sicherheiten während der Krise: Bis zum Zusammenbruch der Bank Lehman Brothers im September 2008 hielten die stark kapitalisierten Banken die meisten riskanten Staatsanleihen, jedoch verringerten sie ihren Bestand zwischen 2009 und 2011 von rund 50 auf 30 Mrd. €. Gleichzeitig kauften schwach kapitalisierte Banken immer mehr Staatsanleihen von Krisenstaaten. Ihr Bestand erhöhte sich von 20 auf über 90 Mrd. €. Sie konnten diese Anleihen als Sicherheiten für Zentralbankkredite nutzen. So ging die ausgeweitete Kreditvergabe der EZB mit einer Umverteilung von Risiken innerhalb des Bankensystems einher.

Zusammenfassend macht die Analyse deutlich, dass sich schwach kapitalisierte Geschäftsbanken während der europäischen Staatsschuldenkrise weniger

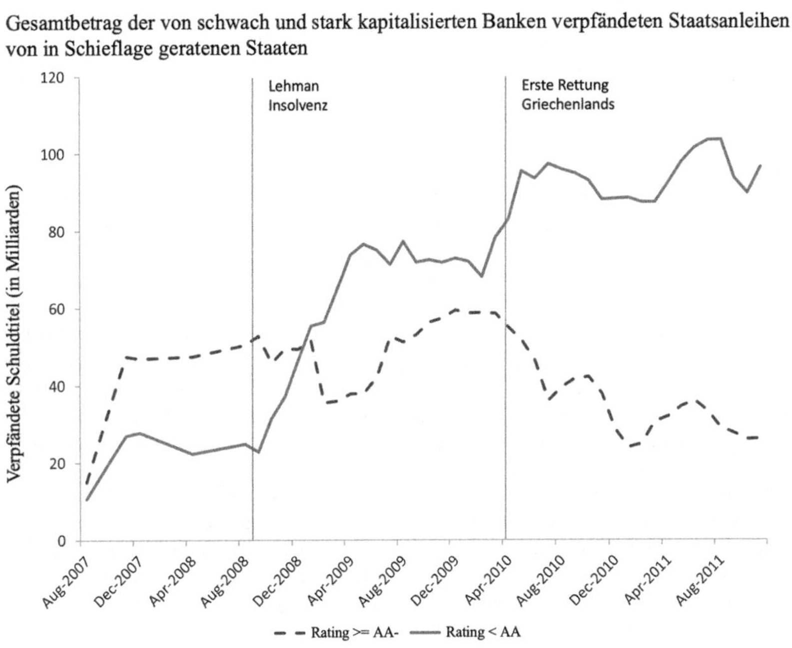

Abb. 1 Staatsschulden Europäischer Krisenstaaten als Sicherheiten. (Quelle: Drechsler et al. (2016), S. 1967)

aus Liquiditätsgründen bei der EZB verschuldeten, sondern vielmehr, um in riskante Anlagen wie Anleihen von Krisenstaaten zu investieren. Solche Banken nahmen Zentralbankkredite auf und hinterlegten im Gegenzug risikoreiche Sicherheiten.

Open Access Dieses Kapitel wird unter der Creative Commons Namensnennung 4.0 International Lizenz (http://creativecommons.org/licenses/by/4.0/deed.de) veröffentlicht, welche die Nutzung, Vervielfältigung, Bearbeitung, Verbreitung und Wiedergabe in jeglichem Medium und Format erlaubt, sofern Sie den/die ursprünglichen Autor(en) und die Quelle ordnungsgemäß nennen, einen Link zur Creative Commons Lizenz beifügen und angeben, ob Änderungen vorgenommen wurden.

Die in diesem Kapitel enthaltenen Bilder und sonstiges Drittmaterial unterliegen ebenfalls der genannten Creative Commons Lizenz, sofern sich aus der Abbildungslegende nichts anderes ergibt. Sofern das betreffende Material nicht unter der genannten Creative Commons Lizenz steht und die betreffende Handlung nicht nach gesetzlichen Vorschriften erlaubt ist, ist für die oben aufgeführten Weiterverwendungen des Materials die Einwilligung des jeweiligen Rechteinhabers einzuholen.

Mehr Sicherheit mit zentraler Bankenaufsicht

David Gmür

Relevanz
Die Wirtschaft braucht Kredit, und die Gesellschaft mehr Sicherheit. Die Banken müssen in der Kreditvergabe auf Ertrag und Risiko gleichzeitig achten. Damit die Regulierung effektiven Schutz bieten kann, muss die Bankenaufsicht die Einhaltung der Vorschriften überwachen und frühzeitig das Entstehen übermässiger Risiken aufdecken. In der Bankenunion kann eine zentrale Aufsicht eher für gleich lange Spiesse im europaweiten Wettbewerb der Banken sorgen, kann unabhängiger als nationale Aufsichtsbehörden agieren, und dank besserer Ressourcen auch komplexe Grossbanken wirksam beaufsichtigen. So wird die Kreditvergabe sicherer, indem die Banken angehalten sind, faule und riskante Kredite zügig abzubauen und mehr Kredit auf die produktiveren Unternehmen mit besseren Aussichten lenken.

Quelle
Altavilla, C., Boucinha, M., Peydró, J.-L., & Smets, F. (2020). *Banking supervision, monetary policy and risk-taking: Big data evidence from 15 credit registers.* CEPR Discussion Paper Nr. 14.288.

Im November 2014 trat in der Eurozone der einheitliche Bankenaufsichtsmechanismus in Kraft, der ein wesentlicher Pfeiler der Europäischen Bankenunion ist. Seither unterstehen grosse Banken der Eurozone einer einheitlichen überstaatli-

D. Gmür (✉)
Universität St. Gallen, St. Gallen, Schweiz
E-Mail: david.gmuer@student.unisg.ch

© Der/die Autor(en) 2024

C. Keuschnigg (Hrsg.), *Im Brennpunkt der Wirtschaftspolitik*,
https://doi.org/10.1007/978-3-658-44415-0_25

chen Regulierung und Aufsicht durch die Europäische Zentralbank. Die Regulierung von Banken ist eine komplexe Aufgabe. Wie die Finanzkrise 2008/09 zeigte, konnte die Regulierung nicht verhindern, dass Banken übermässige Risiken eingingen. Welche organisatorischen und institutionellen Reformen können dazu beitragen, die Stabilität des Finanzsystems zu erhöhen? Wichtig ist, ob die Banken durch nationale oder überstaatliche Aufsichtsbehörden überwacht werden.

Während nationale Aufsichtsbehörden besseren Zugang zu genaueren Informationen über den lokalen Bankensektor haben, kann eine überstaatliche Behörde über mehr Ressourcen wie beispielsweise qualifizierte MitarbeiterInnen verfügen. Auch die Anreize können sich je nach Regulierungsebene unterscheiden. Angesichts des häufigen Personalwechsels zwischen lokalen Behörden und Banken sowie starkem Lobbying sind nationale Behörden anfälliger für Interessenkonflikte und tendenziell nachsichtiger in der Aufsicht. Dagegen kann eine überstaatliche Behörde unabhängiger agieren.

Stimmt das? Welche Auswirkungen hatte konkret der Systemwechsel von nationaler zu supranationaler Bankenaufsicht in der Eurozone auf die Kreditvergabe der Banken und die Stabilität des Finanzsystems? Carlo Altavilla, Miguel Boucinha, Jose-Luis Peydro und Frank Smets von der Europäischen Zentralbank sowie der Universität Pompeu Fabra in Barcelona gehen dieser Frage nach. Sie untersuchen Daten aus 15 Europäischen Kreditregistern mit rund 280 Mio. Beobachtungen im Zeitraum von Juni 2012 bis Dezember 2017. In ihrer Analyse nutzen sie die Tatsache, dass nicht alle, sondern nur die bedeutenden Banken unter die neue supranationale Aufsicht fallen. Zum Vergleich berücksichtigen sie auch das Verhalten von Banken ausserhalb der Eurozone, welche nicht davon betroffen waren. Dadurch können sie die geschätzten Effekte tatsächlich dem Systemwechsel zuordnen.

Ihre Schätzungen zeigen, dass die Banken bei überstaatlicher Aufsicht ihre Kreditvergabe an Firmen mit hohem Kreditrisiko einschränken und stattdessen die Kredite an weniger riskante Firmen ausweiten. Firmen gelten als riskant, wenn sie mit einem grossen Teil ihrer Kredite in Verzug sind. Die zentralisierte Aufsicht senkt demnach das Risiko im Kreditgeschäft der Banken. Die Banken schichten von riskanteren zu weniger riskanten Firmen um, ohne dass das gesamte Kreditvolumen leidet.

In ihrer Analyse unterscheiden die Forscher zwischen Banken in finanziell stabilen und instabilen Mitgliedsstaaten der Eurozone. Italien, Portugal und Spanien gelten als finanziell instabil. Österreich, Belgien, Frankreich, Deutschland, Litauen und die Slowakei zählen als stabile Länder. Der Effekt des Systemwechsels ist für finanziell instabile Länder stärker ausgeprägt als für stabile. In der stabilen Gruppe reduziert die zentrale Bankenaufsicht die Kreditvergabe von

Banken an Firmen mit dem höchsten Kreditrisiko um 43 %. In stabilen Ländern beträgt dieser Rückgang immerhin noch 36 %. Steigt das Kreditrisiko (um eine Standardabweichung) an, so geht die Kreditvergabe an diese Firmen bei zentraler Aufsicht in den instabilen Ländern um rund acht Prozent und in den stabilen Staaten um fünf Prozent zurück.

Der Systemwechsel zur überstaatlichen Bankenaufsicht der Eurozone reduziert die Kreditvergabe an Firmen mit dem höchsten Kreditrisiko um 43 % in finanziell instabilen und um 36 % in stabilen Mitgliedsstaaten.

Wie ist dieser Effekt zu bewerten? Problematisch wäre es, wenn die riskanteren Firmen gleichzeitig in besonders produktiven Sektoren tätig wären und nun weniger Kredite erhielten. Die Forscher stellen jedoch fest, dass dies nicht der Fall ist. Dies gilt unabhängig davon, ob die Banken in finanziell stabilen oder instabilen Ländern tätig sind. Die supranationale Bankenaufsicht scheint die Kreditvergabe an produktivere Firmen sogar tendenziell zu erhöhen, allerdings ist dieser Effekt nicht statistisch signifikant. Betrachtet man dagegen Kredite gleicher Qualität, dann vergeben die Banken mehr Kredite an produktivere Firmen. So erhalten Firmen in einem Sektor, dessen Arbeitsproduktivität um eine Standardabweichung über dem Mittelwert liegt, bei gegebenem Risiko um fünf Prozent mehr Kredite.

Bei gleichem Kreditrisiko vergeben Banken um 5 % mehr Kredite an Firmen, deren Produktivität um eine Standardabweichung über dem Durchschnitt liegt.

Die einheitliche Bankenaufsicht in der Eurozone trat im November 2014 in Kraft. Dies war jedoch schon seit Oktober 2013 bekannt. Wann genau traten die Änderungen im Risikoverhalten der Banken ein? Abb. 1 zeigt von Mitte 2013 bis 2015, wie die supranationale Aufsicht die Kreditvergabe an Firmen mit dem höchsten Kreditrisiko in finanziell instabilen Mitgliedsstaaten beeinflusst. Es zeigt sich, dass die Banken teilweise schon vorab ihr Verhalten änderten, d. h. der effektive Systemwechsel könnte schon früher stattgefunden haben. Der Effekt ist jedoch erst in der zweiten Jahreshälfte 2014 signifikant. Banken scheinen daher ihr Risikoverhalten tatsächlich erst dann angepasst zu haben, als die neue Aufsicht im November 2014 ihren Betrieb aufnahm.

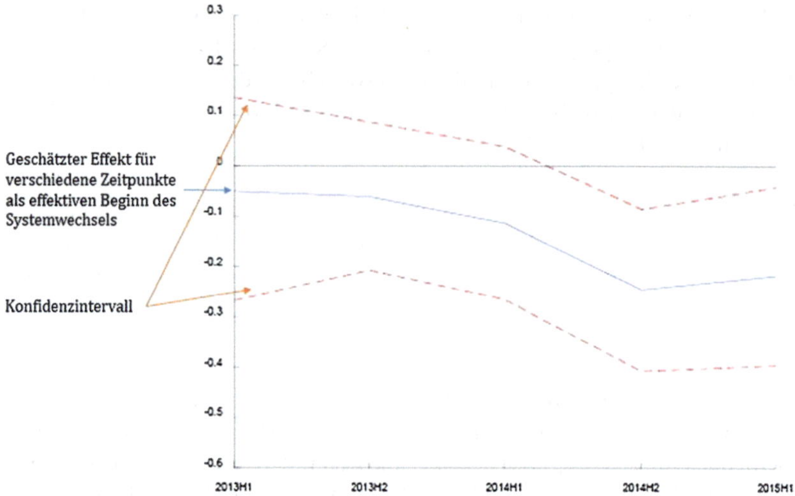

Abb. 1 Effekt der einheitlichen Bankenaufsicht auf die Kreditvergabe an Firmen mit dem höchsten Kreditrisiko. (Quelle: Altavilla et al. u. a. (2020))

Die Forscher gingen noch einen Schritt weiter und analysierten das Zusammenspiel des regulatorischen Systemwechsels mit der expansiven Geldpolitik der Europäischen Zentralbank. Ihre Schätzungen zeigen, dass eine Lockerung der Geldpolitik dazu beiträgt, dass Banken mehr Risiken eingehen und zusätzliche Kredite an Firmen mit hohem Kreditrisiko vergeben. Der Wechsel zur überstaatlichen Bankenaufsicht hebt diesen Effekt jedoch auf. Die Kreditvergabe an weniger riskante Firmen wird dabei nicht beeinträchtigt.

Eine Lockerung der Geldpolitik führt dazu, dass Banken mehr Kredite an besonders riskante Firmen vergeben. Die Zentralisierung der Bankenaufsicht in der Eurozone kann diesen destabilisierenden Effekt jedoch aufheben.

Weshalb ist die Aufsicht durch eine überstaatliche Behörde die offenbar effektivere? Das Forscherteam stellt dafür zwei Hypothesen auf. Die *Anreizhypothese* stellt auf die mögliche Veränderung der Anreize der Aufsichtsbehörden ab, die bei zentraler Aufsicht unabhängiger agieren können, während die *Kapazitätshypothese* die Bedeutung einer qualitativ und quantitativ besseren Ressourcenausstattung der überstaatlichen Behörde betont.

Sie stellen fest, dass die zentralisierte Aufsicht vor allem das Risikoverhalten von sehr grossen Banken mit einer Bilanzsumme von mehr als EUR 500 Mrd. stark beeinflusst. Da die Komplexität der Regulierung für jene Banken überproportional zunimmt, ist dies ein Indiz für die Kapazitätshypothese. Für die Anreizhypothese finden die Forscher hingegen kaum Hinweise. So ist beispielsweise bei sehr schwachen Banken, welche von einer lokalen Behörde stärker geschützt werden könnten, keine Veränderung des Risikoverhaltens festzustellen. Sie kommen daher zum Schluss, dass die effektivere Regulierung in erster Linie darauf zurückzuführen ist, dass die supranationale Behörde über mehr Mittel und Personal verfügt, um eine effiziente Kontrolle auch in sehr komplexen Fällen zu gewährleisten.

Die effektivere Aufsicht ist vorwiegend darauf zurückzuführen, dass die supranationale Behörde über mehr Mittel und spezialisiertes Personal verfügt.

Die Studie des Forscherteams um José-Luis Peydró zeigt, dass die Wahl der Aufsichtsebene einen wesentlichen Einfluss auf das Risikoverhalten der Banken und somit auf die Stabilität des Finanzsystems haben kann. Im Fall der Eurozone hat der Wechsel von nationaler zu supranationaler Regulierung dazu geführt, dass die Banken ihre Risiken im Kreditgeschäft trotz der lockeren Geldpolitik verringert haben.

Open Access Dieses Kapitel wird unter der Creative Commons Namensnennung 4.0 International Lizenz (http://creativecommons.org/licenses/by/4.0/deed.de) veröffentlicht, welche die Nutzung, Vervielfältigung, Bearbeitung, Verbreitung und Wiedergabe in jeglichem Medium und Format erlaubt, sofern Sie den/die ursprünglichen Autor(en) und die Quelle ordnungsgemäß nennen, einen Link zur Creative Commons Lizenz beifügen und angeben, ob Änderungen vorgenommen wurden.

Die in diesem Kapitel enthaltenen Bilder und sonstiges Drittmaterial unterliegen ebenfalls der genannten Creative Commons Lizenz, sofern sich aus der Abbildungslegende nichts anderes ergibt. Sofern das betreffende Material nicht unter der genannten Creative Commons Lizenz steht und die betreffende Handlung nicht nach gesetzlichen Vorschriften erlaubt ist, ist für die oben aufgeführten Weiterverwendungen des Materials die Einwilligung des jeweiligen Rechteinhabers einzuholen.

Ansteckungsgefahr bei den Staatsschulden!

Johannes von Möllendorff

Relevanz
Heimische Banken halten oft einen beträchtlichen Anteil heimischer Staatsschulden, um ihre Ertragsquellen zu diversifizieren. Unternehmenskredite sind riskanter und werfen höhere Zinsen ab. Staatsanleihen rentieren weniger, sind aber umso sicherer. Wenn jedoch die öffentlichen Finanzen entgleisen und der Staat zum Risiko wird, stecken sich die Banken an. Wenn sie in der Krise auf ihre Staatsanleihen hohe Verluste erleiden, müssen sie von ihren Kunden höhere Zinsen verlangen und können weniger Kredite vergeben. Die Kreditklemme blockiert das Wachstum und verschärft die Krise. Es droht ein Teufelskreis zwischen überschuldeten Staaten und schwachen Banken.

Quelle
Bofondi, M., Carpinelli, L., Sette, E. (2018). Credit supply during a sovereign debt crisis. *Journal of the European Economic Association, 16,* 696–729.

Eine Staatsschuldenkrise geht fast immer einher mit einer sich verschlechternden Wirtschaftslage. Eine Ursache dafür liegt darin, dass Banken weniger Kredite an Unternehmen vergeben. Oft steigen in einer Staatsschuldenkrise nicht nur die Finanzierungskosten des Staates an, sondern auch jene der Banken. Wenn sie deshalb die Kreditvergabe einschränken oder die Zinsen erhöhen, kann es zu einer

J. von Möllendorff (✉)
Universität St. Gallen, St. Gallen, Schweiz
E-Mail: johannesvonmoellendorff@gmail.com

© Der/die Autor(en) 2024

C. Keuschnigg (Hrsg.), *Im Brennpunkt der Wirtschaftspolitik,*
https://doi.org/10.1007/978-3-658-44415-0_26

Kreditklemme kommen. Diese wiederum schmälert die Nachfrage und verstärkt die Krise.

Die Ökonomen Marcello Bofondi, Luisa Carpinelli und Enrico Sette von der Banca d'Italia gehen der Frage nach, wie die Staatsschuldenkrise 2011 die Kreditvergabe von Banken in Italien beeinflusste. Sie betrachten sowohl die Kreditzinsen als auch das Wachstum des Kreditvolumens, und vergleichen die Kreditvergabe italienischer Banken mit jener von Tochtergesellschaften und Niederlassungen ausländischer Banken in Italien. Ihre Idee ist, dass die Finanzierungskosten von Banken mit Hauptsitz in Italien aufgrund der Staatsschuldenkrise zunehmen, weil sie in grossem Umfang riskante heimische Staatsanleihen halten und die Investoren deshalb ein höheres Risiko wahrnehmen. Banken aus Ländern, in denen es keine Staatsschuldenkrise gab, sollten hingegen keinen Anstieg der Finanzierungskosten spüren.

Die Forschergruppe nutzte für das Krisenjahr 2011 Daten aus dem italienischen Kreditregister, welches alle Bankkredite an italienische Unternehmen erfasst. Dabei unterscheiden sie zwischen einem Vorkrisenzeitraum (Januar – Juni) und einem Krisenzeitraum (Juli – Dezember). Ihr Datensatz umfasst gut 664 000 Bankkundenbeziehungen, von denen rund ein Viertel auf ausländische Banken entfällt. Die Studie berücksichtigt insgesamt 567 Banken, davon 49 ausländische. Am stärksten sind dabei Banken aus Frankreich, Deutschland, den USA sowie Österreich vertreten.

Zunächst messen die Forscher die Veränderung der Finanzierungskosten des italienischen Staates gegenüber einem risikolosen Zinssatz, wobei deutsche Staatsanleihen als Referenz gelten. Die Zinsaufschläge italienischer Staatsanleihen stiegen von Juli bis Dezember 2011 sehr stark von rund zwei auf ca. fünf Prozent an. In den erwähnten vier Staaten, aus welchen die meisten ausländischen Banken kommen, nahmen dagegen die Zinsaufschläge während der Krise nicht oder nur geringfügig zu.

Die Kreditnehmer sind in den Branchen Dienstleistungen (ca. 50 %), Industrie und Energieerzeugung (ca. 30 %), der Bauwirtschaft (ca. 12 %) sowie der Landwirtschaft (ca. 8 %) tätig. In ihrer Analyse erfassen die drei Wissenschaftler nur jene Firmen, die sowohl von einer italienischen als auch von einer ausländischen Bank Kredite aufgenommen hatten. Weiterhin berücksichtigen sie Unterschiede zwischen den Banken (z. B. Grösse, Profitabilität) und zwischen den Unternehmen. Zudem stellen sie auf Besonderheiten in der Beziehung zwischen Bank und Kunden ab, wie z. B. die Dauer der Kundenbeziehung oder der Anteil der vergebenen Kredite einer bestimmten Bank am gesamten Kreditvolumen eines Unternehmens. Dadurch können die Forscher systematische Unterschiede, die den Effekt der Staatsschuldenkrise verzerren könnten, ausschliessen.

Die Forscher analysieren das Kreditwachstum italienischer und ausländischer Banken. Abb. 1 zeigt, dass sich das Kreditwachstum bis zum Ausbruch der Krise im Juni 2011 ähnlich entwickelte und kaum zurückging. Danach nahm das Kreditwachstum italienischer Banken allerdings stark ab, während die ausländischen Banken die Kreditvergabe nur verzögert und wesentlich schwächer reduzierten.

Die Schätzungen der Forscher bestätigen diesen Zusammenhang. Das Kreditwachstum ausländischer Banken war in der Krise rund drei Prozentpunkte höher als jenes der inländischen Banken. Berücksichtigt man weitere Faktoren wie die Kundenbeziehungen zwischen Banken und Unternehmen, betrug der Unterschied im Kreditwachstum immer noch um 1,7 Prozentpunkte. Beide Ergebnisse sind ökonomisch bedeutsam, da die Kreditvergabe während der Krise um durchschnittlich 6,6 % sank.

Während der Krise reduzierten ausländische Banken ihre Kreditvergabe in Italien um durchschnittlich 1,7 bis 3 Prozentpunkte weniger als die heimischen Banken.

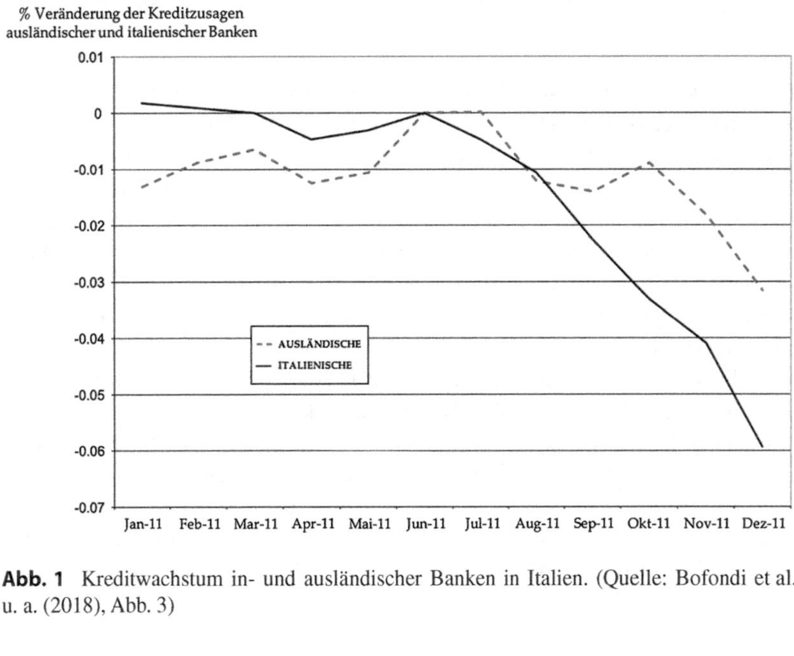

Abb. 1 Kreditwachstum in- und ausländischer Banken in Italien. (Quelle: Bofondi et al. u. a. (2018), Abb. 3)

Zur Bestätigung ihrer Ergebnisse verwendeten die Forscher unter anderem einen Datensatz, der neben ausländischen nur die 50 größten italienischen Banken umfasst. Diese beiden Gruppen von Banken sind besonders gut vergleichbar und unterschieden sich hauptsächlich in den Beständen italienischer Staatsanleihen. Auch in diesem Datensatz bestätigten sich die quantitativen Ergebnisse.

Ausländische Banken sind in Italien entweder mit eigenständigen Tochtergesellschaften oder mit Niederlassungen vertreten. Tochtergesellschaften sind den italienischen Banken bezüglich Geschäftsmodell und Netzwerk sehr ähnlich, während Niederlassungen nur in bestimmten Regionen und Marktsegmenten tätig sind. Beeinflusst die Organisationsform ausländischer Banken deren Kreditvergabe während der Krise? Die Ergebnisse zeigen, dass dieser Aspekt eine wichtige Rolle spielte: Die Kreditvergabe unterschied sich stark zwischen italienischen Banken und den Tochtergesellschaften ausländischer Banken. Letztere vergaben während der Krise signifikant mehr Kredite. Banken, die nur mit unselbstständigen Filialen vertreten waren, verhielten sich ähnlich wie italienische Banken.

Die Organisationsform hat einen starken Einfluss auf die Kreditvergabe. Tochtergesellschaften ausländischer Banken vergeben signifikant mehr Kredite als italienische Banken, einfache Niederlassungen hingegen nicht.

Inwieweit konnten Unternehmen das geringere Kreditangebot italienischer Banken durch zusätzliche Kredite von ausländischen Banken kompensieren? Die Ergebnisse sind äußerst aussagekräftig. Unternehmen, die sich bei ausländischen Banken finanzierten, wiesen ein höheres Kreditwachstum auf. Ein Unternehmen, welches sich vor der Krise (um eine Standardabweichung) stärker bei ausländischen Banken finanzierte, konnte sein Kreditwachstum in der Krise um 0,8 Prozentpunkte steigern, im Vergleich zu Unternehmen, die stärker von italienischen Banken abhängig waren. Dieser Effekt ist umso bedeutender, als die Kreditvergabe während der Krise um durchschnittlich 3,8 % schrumpfte. Insgesamt konnten italienische Unternehmen die geringere Kreditvergabe italienischer Banken nur teilweise durch Kredite ausländischer Banken kompensieren.

In einem letzten Schritt prüften die Forscher, wie sich die Staatsschuldenkrise in Italien auf die Kreditzinsen auswirkten. Wenn der Wert der Staatsanleihen sinkt, müssen die Banken hohe Verluste verdauen, nicht aber ihre ausländischen Konkurrenten aus sicheren Ländern. Die Ergebnisse zeigen, dass ausländische Banken in der Krise um 0,21 Prozentpunkte weniger für kurzfristige Überziehungskredite bzw. 0,15 Prozentpunkte für langfristige Kredite in Italien forderten als inländische Banken.

Die Kreditzinssätze in- und ausländischer Banken weichen in der Krise voneinander ab: inländische Banken fordern 0,21 % mehr für kurzfristige Kredite und 0,15 % mehr für langfristige.

Die vorliegende Studie illustriert am Beispiel Italiens, wie eine Staatsschuldenkrise den Bankensektor anstecken kann, in der Folge die Kreditvergabe durch heimische Banken verringert, Kreditzinsen erhöht und dadurch die Realwirtschaft trifft. Unternehmen können dies nur teilweise kompensieren, indem sie sich stärker bei ausländischen Banken verschulden.

Open Access Dieses Kapitel wird unter der Creative Commons Namensnennung 4.0 International Lizenz (http://creativecommons.org/licenses/by/4.0/deed.de) veröffentlicht, welche die Nutzung, Vervielfältigung, Bearbeitung, Verbreitung und Wiedergabe in jeglichem Medium und Format erlaubt, sofern Sie den/die ursprünglichen Autor(en) und die Quelle ordnungsgemäß nennen, einen Link zur Creative Commons Lizenz beifügen und angeben, ob Änderungen vorgenommen wurden.

Die in diesem Kapitel enthaltenen Bilder und sonstiges Drittmaterial unterliegen ebenfalls der genannten Creative Commons Lizenz, sofern sich aus der Abbildungslegende nichts anderes ergibt. Sofern das betreffende Material nicht unter der genannten Creative Commons Lizenz steht und die betreffende Handlung nicht nach gesetzlichen Vorschriften erlaubt ist, ist für die oben aufgeführten Weiterverwendungen des Materials die Einwilligung des jeweiligen Rechteinhabers einzuholen.

Wie «Zombiekredite» die Inflation bremsen

Margaret Green

Relevanz

Seit der globalen Finanzkrise 2008 sind die Zinsen in der Eurozone und vielen anderen Industriestaaten sehr niedrig. Anders als von manchen Ökonomen erwartet, führten die langanhaltend tiefen Zinsen zumindest bisher kaum zu nennenswert höheren Preisen. Im Gegenteil, die Inflation lag meist sogar unter dem Ziel der Zentralbanken. Wie kann man dieses Inflationsrätsel erklären? Eine wichtige Rolle spielen «Zombie Firmen». Sie sind wenig produktiv, hochverschuldet und überleben nur dank tiefer Zinsen. Dennoch steigert ihre Produktion das Güterangebot, was die Preise niedrig hält.

Quelle

Acharya, V., Crosignani, M., Eisert, T., & Eufinger, C. (2020). *Zombie credit and (Dis-) inflation: Evidence from Europe.* NBER Working Paper 27.158.

Warum führen langanhaltend niedrige Zinsen nicht zu höherer Inflation? Seit der Finanzkrise sind die Zinsen in den meisten Ländern Europas ausserordentlich niedrig. Die expansive Geldpolitik der Europäische Zentralbank (EZB) und anderer Notenbanken zielt darauf ab, Investitionen und Konsum zu fördern. Sie wird ergänzt durch zahlreiche unkonventionelle Massnahmen wie negative Einlagezinsen und grossangelegte Kaufprogramme für Vermögenswerte, welche in der aktuellen Corona-Krise noch deutlich erweitert wurden. Auf Basis der ökonomischen

M. Green (✉)
Universität St. Gallen, St. Gallen, Schweiz
E-Mail: margaret.green@student.unisg.ch

© Der/die Autor(en) 2024

C. Keuschnigg (Hrsg.), *Im Brennpunkt der Wirtschaftspolitik*,
https://doi.org/10.1007/978-3-658-44415-0_27

Theorie aber auch aufgrund vieler Beispiele aus der Vergangenheit würde man erwarten, dass niedrige Zinsen mit der Zeit die Inflationsraten erhöhen. Dennoch ist dies – zumindest in den letzten mehr als zehn Jahren – kaum eingetreten. *«Während die Geldpolitik der EZB günstige Finanzierungsformen ermöglichte, und sich diese positiv auf Bruttoinlandsprodukt und Beschäftigungsrate auswirkte, ist der Effekt auf Löhne und Inflation langsamer als erwartet»,* resümierte der damalige EZB Präsident Mario Draghi 2019.

Für Europas „fehlendes Inflationsrätsel" gibt es verschiedene Hypothesen. Ein Forscherteam um Viral Acharya von der New York University schlägt nun einen neuartigen Erklärungsansatz vor. Ihre zentrale Hypothese ist, dass niedrige Zinsen sogenannte «Zombiefirmen» begünstigen. Dies sind hochverschuldete und unprofitable Unternehmen, die in Konkurs gehen würden, wenn sie nicht mit billigen «Zombiekrediten» quasi künstlich am Leben gehalten würden. Indem solche Unternehmen im Markt bleiben, verlangsamt sich nicht nur das Wirtschaftswachstum. Sondern das künstlich hohe Güterangebot bremst auch den Anstieg der Preise.

Um ihren Ansatz empirisch zu überprüfen, analysieren die Wissenschaftler, wie sich der Anteil von Zombiefirmen seit 2008 in 65 verschiedenen Branchen entwickelte und auf die Preise auswirkte. Ihr Datensatz umfasst Informationen zu 1,1 Mio. Unternehmen in zwölf europäischen Ländern. Als Zombiefirmen klassifizieren die Forscher wenig kreditwürdige Unternehmen, die sich dennoch zu vergleichsweise niedrigen Kosten finanzieren können. Sie weisen eine branchenweit unüblich hohe Verschuldung auf. Wichtig ist, dass Zombiefirmen weder besonders jung noch abhängig von kurzfristigen Krediten sind. Somit vermeiden die Forscher, Start-Ups oder Unternehmen, die in Krisenzeiten auf kurzfristige Kredite angewiesen sind, fälschlicherweise als Zombiefirmen zu erfassen. Nach der Finanz- und Eurozonenkrise erhöhte sich der Anteil von Zombiefirmen deutlich.

Der Anteil von Zombiefirmen in Europa stieg um durchschnittlich über die Hälfte von rund 4,5 % im Jahr 2012 auf 6,7 % Mitte 2016.

Seit 2011 erhöhten Zombiefirmen trotz stark rückläufiger Rentabilität ihre Verschuldung. Bei anderen, wenig profitablen Nicht-Zombiefirmen zeigte sich eine gegenteilige Entwicklung. Das weist darauf hin, dass sich nicht alle Unternehmen mit Zugang zu günstigen Krediten neu verschuldeten, sondern nur Zombiefirmen. Dennoch waren letztere oft nicht in der Lage, einen Konkurs zu vermeiden: Zwischen 2014 und 2017 verdreifachte sich die Konkursrate von

Zombieunternehmen. Der Anstieg fiel bei anderen Unternehmen, die nur kurzzeitig wenig profitabel waren, schwächer aus.

Die Analyse der Ökonomen macht deutlich, dass ein zunehmender Anteil von Zombiefirmen mit niedrigerer Inflation einhergeht. Dieser Zusammenhang ist in Abb. 1 ersichtlich. Sie zeigt auf der linken Achse die Inflationsrate und auf der rechten Achse den vermögensgewichteten Anteil der Zombiefirmen an allen Branchen.

Neben ihren stabilisierenden Effekten während der Rezession, verringern Zinssenkungen auch den finanziellen Druck auf schwache Unternehmen mit nicht nachhaltigen Geschäftsmodellen, welche andernfalls in Konkurs geraten würden. Dadurch tragen sie zur zunehmenden Zahl von Zombiefirmen bei (siehe Abb. 1). Das Gesamtangebot der Güter steigt im Vergleich zu dem Fall, in dem der Konjunkturzyklus seinen normalen Verlauf nimmt. Die daraus resultierende Überkapazität setzt die Preise unter Druck, senkt die Margen und verringert letztlich die Inflation.

Die Ökonomen schätzen, wie sich der zunehmende Anteil von Zombiefirmen auf den jährlichen Preisanstieg in jeder Branche auswirkt. Dabei berücksichtigen sie Landes-, Industrie- und zeitliche Spezifika. Ihre Schätzungen zeigen, dass nach 2012 die Inflationsraten in jenen Branchen geringer waren, wo die Zahl von Zombiefirmen besonders stark zunahm. Der Zeitpunkt, an dem sich die

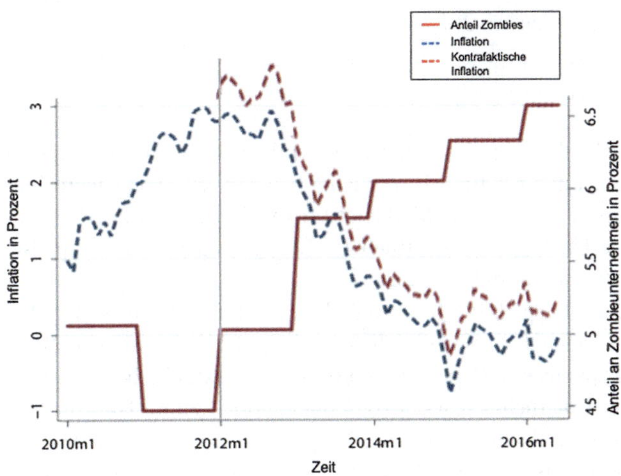

Abb. 1 Zombiekredite und Inflation. (Quelle: Acharya et al. u. a. (2020), S. 3, S. 17)

Inflationsdynamik abzuschwächen begann, fällt mit genau mit den außerordentlichen geldpolitischen Lockerungsmaßnahmen wie negativer Zinssätze durch die EZB und andere Zentralbanken zusammen.

Eine Zunahme des Anteils von Zombiefirmen in einer Branche um 11 Prozentpunkte ist typischerweise mit einer um 0,23 Prozentpunkte niedrigeren Inflation verbunden.

In einigen Branchen fiel die Zunahme von Zombiefirmen nach 2012 besonders stark aus: Beispielsweise wies der produzierende Sektor in Frankreich eine anteilige Steigerung um 38,5 % auf. Der Preisanstieg bei französischen Industriegütern wäre demnach um 0,81 Prozentpunkte höher, wenn der Anteil der Zombiefirmen unverändert geblieben wäre.

Zudem berechnen die Forscher für jede Branche die Inflation, welche eingetreten wäre, wenn der Anteil der Zombiefirmen unverändert auf dem Niveau von 2012 geblieben wäre. Daraus ergibt sich die kontrafaktische Inflationsrate, welche in Abb. 1 dargestellt wird.

Ohne einen Anstieg der Zombiefirmen nach 2012 wäre die Inflationsrate in Europa zwischen 2012–2016 im Durchschnitt um 0,45 Prozentpunkte höher.

Weiter macht die empirische Evidenz deutlich, dass ein grösserer Anteil von Zombiefirmen in einer Branche mit einer höheren Zahl von Unternehmen, weniger Konkursen und weniger Markteintritten verbunden ist. Zombiekredite halten unprofitable Unternehmen künstlich am Leben, wodurch Produktpreise, Margen sowie Inflationsraten sinken.

Welche Rolle spielt die Kreditvergabe der Banken für diese Ergebnisse? Europäische Firmen finanzieren sich überwiegend mit klassischen Bankkrediten. Schwach kapitalisierte Banken haben dabei einen Anreiz, bestehende Kredite an notleidende Unternehmen wie z. B. Zombiefirmen zu verlängern. In der Hoffnung, dass diese Schuldner den Kredit später zurückzahlen werden, verschieben Banken die Realisierung von Verlusten, welche sie selbst nur schwer verkraften könnten, in die Zukunft. Dadurch trägt die Kreditvergabe schwach kapitalisierter Banken zum beobachteten Wachstum der Zombiefirmen bei. Steht Banken hingegen ausreichend Eigenkapital zur Verfügung, können sie Verluste bereits heute realisieren und haben kaum einen Anreiz, Zombiekredite zu verlängern. Die Forscher können daher einen Teil des schwachen Inflationswachstums auf Veränderungen der Kreditvergabe von (schwach kapitalisierten) Banken zurückführen.

Eine niedrigere Eigenkapitalquote von Banken geht typischerweise mit einer Zunahme von Zombiefirmen sowie geringerer Inflation einher.

Zusammenfassend liefern die Wissenschaftler durch den «Zombiekreditkanal» einen neuen, angebotsseitigen Erklärungsansatz für die anhaltend niedrige Inflation in Europa. Ihre Ergebnisse machen insbesondere deutlich, dass die Übertragung geldpolitischer Massnahmen auf die Realwirtschaft von großer Bedeutung ist. Andernfalls kann expansive Geldpolitik unbeabsichtigte Konsequenzen haben, welche dem Ziel, die Inflation zu stabilisieren und das Wachstum zu fördern, entgegenwirken. Um die Wirksamkeit von Zinssenkungen angesichts eines schwächelnden Finanzsektors zu verbessern, empfehlen die Forscher, sie mit einem gezielten Programm zu Rekapitalisierung für Banken zu begleiten.

Open Access Dieses Kapitel wird unter der Creative Commons Namensnennung 4.0 International Lizenz (http://creativecommons.org/licenses/by/4.0/deed.de) veröffentlicht, welche die Nutzung, Vervielfältigung, Bearbeitung, Verbreitung und Wiedergabe in jeglichem Medium und Format erlaubt, sofern Sie den/die ursprünglichen Autor(en) und die Quelle ordnungsgemäß nennen, einen Link zur Creative Commons Lizenz beifügen und angeben, ob Änderungen vorgenommen wurden.

Die in diesem Kapitel enthaltenen Bilder und sonstiges Drittmaterial unterliegen ebenfalls der genannten Creative Commons Lizenz, sofern sich aus der Abbildungslegende nichts anderes ergibt. Sofern das betreffende Material nicht unter der genannten Creative Commons Lizenz steht und die betreffende Handlung nicht nach gesetzlichen Vorschriften erlaubt ist, ist für die oben aufgeführten Weiterverwendungen des Materials die Einwilligung des jeweiligen Rechteinhabers einzuholen.

Hohe Zahlungsmoral belebt die Wirtschaft

Lorenzo F. Currenti

Relevanz
Der Staat ist für viele Unternehmen ein wichtiger Kunde. Wenn die Kunden die Rechnung rasch begleichen, entspannt sich die Knappheit an Liquidität. Der Zugang zu Krediten verbessert sich. Die Unternehmen können ihre Investitionen leichter finanzieren und neue Beschäftigte einstellen. Eine hohe Zahlungsmoral des Staates belebt daher die Wirtschaft. In konjunkturell schwierigen Zeiten ist eine hohe Zahlungsmoral besonders wirksam und kann die Erholung beschleunigen. Wie bedeutsam ist eine hohe staatliche Zahlungsmoral für die Entwicklung der Wirtschaft?

Quelle
Barrot, J.-N., & Nanda, R. (2020). The employment effects of faster payment: Evidence from the federal quickpay reform. *Journal of Finance, 75,* 3139–3173.

Kleinere und mittelgrosse Unternehmen haben oft Schwierigkeiten, Zugang zu Krediten zu finden und ihr Wachstum zu finanzieren. Zum Beispiel verfügen sie über nur wenige Vermögenswerte, die sie als Sicherheiten hinterlegen können. Für potenzielle Kreditgeber wiederum besteht grosse Unsicherheit über ihre Bonität. Solche Finanzierungsbeschränkungen behindern das Wachstum jener Unternehmen und blockieren die Schaffung von Arbeitsplätzen.

Gerade in Krisen wie der Finanzkrise 2008 sind solche Unternehmen besonders stark vom Rückgang der Kreditvergabe betroffen. Wie kann der Staat kleinen

L. F. Currenti (✉)
Universität St. Gallen, St. Gallen, Schweiz
E-Mail: lorenzo.currenti@outlook.com

© Der/die Autor(en) 2024

C. Keuschnigg (Hrsg.), *Im Brennpunkt der Wirtschaftspolitik,*
https://doi.org/10.1007/978-3-658-44415-0_28

und mittelgrossen Firmen den Zugang zu Finanzierung erleichtern und letztlich die Beschäftigung steigern? Neben Förderprogrammen, Garantien für Bankkredite oder Investorenschutz gibt es eine weitere Möglichkeit, die meist ausser Acht gelassen wird: Der Staat ist oft ein wichtiger Kunde solcher Unternehmen und kann die Rechnungen schneller begleichen. Die Wissenschaftler Jean-Noël Barrot von der HEC Paris und Ramana Nanda von der Harvard Business School fragen sich, wie eine bessere staatliche Zahlungsmoral den Unternehmen helfen kann. Konkret untersuchen sie, wie der Staat die Neuanstellungen von Kleinunternehmen steigern kann, indem er ausstehende Rechnungen für Güter und Dienstleistungen rascher begleicht.

Die Forscher betrachten dazu die Zahlungsreform *Quickpay* in den USA im Jahr 2011. Sie beschleunigte das Zahlungsverhalten des Staates massgeblich, indem sie die Zahlungsfristen der Bundesbehörden dauerhaft von 30 auf 15 Tage nach Rechnungseingang verkürzte. Abb. 1 illustriert den Rückgang der tatsächlichen Zahlungsfristen nach der Einführung von *Quickpay* im April 2011 am Beispiel des US-Verteidigungsministeriums. Von dieser Reform profitieren vor allem kleinere und mittlere Unternehmen, von denen der Staat Güter und Dienstleistungen im Wert von rund USD 100 Mrd. bezieht. Wenn ein so wichtiger Kunde rascher zahlt, müssen die Unternehmen weniger liquide Reserven vorhalten, um die Zeit zwischen dem Auszahlen von Löhnen und anderer Kosten und dem Eingang von Zahlungen zu überbrücken. Dadurch stehen ihnen letztlich mehr Mittel zur Verfügung, um beispielsweise zu investieren oder neue Mitarbeiter einzustellen.

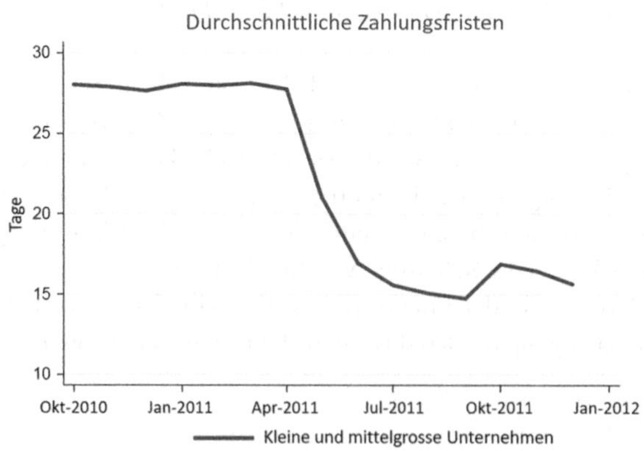

Abb. 1 Durchschnittliche Zahlungsfristen des US-Verteidigungsministeriums an kleine und mittlere Lieferanten 2011. (Quelle: Barrot und Nanda (2020))

Die Wissenschaftler nutzten eine ganze Palette von Datenquellen. Zuerst identifizierten sie anhand offizieller Statistiken über das öffentliche Beschaffungswesen jene Unternehmen, welche den Staat belieferten und deshalb direkt von *Quickpay* profitierten. Dadurch konnten sie zahlreiche Charakteristika der betroffenen Unternehmen identifizieren. Zusammen mit Daten zu Beschäftigung, Löhnen und Bonität ermittelten die Forscher, wie sich die Reform auf die Beschäftigung in den betroffenen Unternehmen auswirkte. Ihr Fokus lag dabei auf der Veränderung dieser Kenngrössen zwischen 2011 und 2015, den Jahren nach Einführung von *Quickpay*.

Die empirischen Ergebnisse zeigen, wie sich die Zahlungsreform auf die Beschäftigung auswirkte. Unternehmen, welche den Staat belieferten, stellten zusätzliche Mitarbeiter ein: Ihr Personalstand stieg um 1,7 Prozentpunkte stärker als bei anderen vergleichbaren Unternehmen, welche den Staat nicht belieferten und daher nicht von rascheren Zahlungen profitieren konnten. Dieser Unterschied ist verglichen mit dem durchschnittlichen Beschäftigungswachstum im Zeitraum 2011–2015 von 0,4 % ökonomisch bedeutsam.

Die Zahlungsreform ermöglichte es den betroffenen Unternehmen, die Beschäftigung um 1,7 Prozentpunkte stärker zu erhöhen als in anderen Unternehmen, welche keine Staatslieferanten waren.

Diese Ergebnisse machen deutlich, dass der erschwerte Zugang zu Finanzierung kleine und mittlere Unternehmen dabei hemmt, zu investieren und neue Mitarbeiter einzustellen. Bezahlen Kunden ihre Rechnungen schneller, dann entspannt sich die Liquiditätssituation und der Zugang zu Finanzierung wird besser. In Folge nimmt die Beschäftigung in solchen Betrieben signifikant zu. Der typische Lieferant erzielte rund 8,5 % seines Umsatzes mit Verkäufen an den Staat. Die Wissenschaftler berechneten anhand ihrer Schätzergebnisse folgendes Szenario: Würden nicht nur die staatlichen Behörden, sondern alle Kunden ihre Rechnungen 15 Tage früher bezahlen, könnte das betroffene Unternehmen durchschnittlich rund 20 % mehr Mitarbeiter einstellen. Bei einer Firma mit 10 Mitarbeitern beispielsweise wären dies zwei Leute mehr.

Würden alle Kunden ihre Rechnungen um 15 Tage früher bezahlen, könnte ein kleines Unternehmen seinen Personalstand um bis zu 20 % erhöhen.

Die kürzeren Zahlungsfristen des Staates wirken sich zudem auf die Zahlungsmoral und Bonität der Lieferenten selbst aus. Die empirischen Ergebnisse zeigen, dass Unternehmen ihr Kreditrating auf einer Skala von 1 bis 100 um einen Punkt verbessern konnten, wenn sie von *Quickpay* direkt betroffen waren. Sie gerieten bei ihren eigenen Lieferanten oder Kreditgebern seltener in Verzug und bezahlten die Rechnungen schneller. Das Insolvenzrisiko ging zurück. Dabei zeigte sich, dass sich das Rating unverzüglich innerhalb der ersten sechs Monate nach der Reform verbesserte. Der Beschäftigungseffekt trat zwischen sechs und achtzehn Monaten später ein.

Von Quickpay direkt betroffene Unternehmen konnten ihre Bonität verbessern: Sie gerieten mit den eigenen Zahlungen seltener in Verzug und wurden weniger anfällig für Insolvenzen.

Wie wirkte sich *Quickpay* insgesamt auf den Arbeitsmarkt aus? Die Forscher schätzten schliesslich die Beschäftigungseffekte auf regionalen Arbeitsmärkten. In einem aus Unternehmenssicht entspannten Arbeitsmarkt mit wenigen offenen Stellen und vielen Arbeitslosen führte *Quickpay* zu einem Anstieg der gesamten Beschäftigung. Kleinere und mittlere Unternehmen, die sich dank der Reform leichter finanzieren konnten, fanden leicht neue Mitarbeiter. Hingegen zeigte sich auf angespannten Arbeitsmärkten mit vielen offenen Stellen und wenigen Arbeitslosen insgesamt kein signifikanter Beschäftigungszuwachs. Vielmehr fanden die Forscher Hinweise für Verdrängungseffekte: Das Wachstum der betroffenen Unternehmen ging auf Kosten jener Firmen, welche den Staat nicht belieferten und so nicht von *Quickpay* profitierten. Sie wiesen ein deutlich niedrigeres bzw. rückläufiges Beschäftigungswachstum auf und konnten manche Stellen nicht nachbesetzen.

Eine hohe Zahlungsmoral hilft der Wirtschaft. Zahlt der Staat seine offenen Rechnungen rascher, profitieren seine kleinen und mittelgrossen Lieferanten. Sie verfügen über mehr liquide Mittel und haben daher einfacheren Zugang zu Finanzierung. Sie können wachsen und zusätzliche Mitarbeiter einstellen. Dabei hängt der Gesamteffekt von der Lage auf dem regionalen Arbeitsmarkt ab: Ist die Arbeitslosigkeit bereits tief und herrscht ein starker Wettbewerb unter Firmen um talentierte Arbeitskräfte, dann ist aufgrund von Verdrängungseffekten die Wirkung auf die gesamte Beschäftigung deutlich geringer. Dafür ist die Wirkung bei hoher Arbeitslosigkeit umso grösser, wenn die Wirtschaft besonders dringlich Entlastung braucht.

Open Access Dieses Kapitel wird unter der Creative Commons Namensnennung 4.0 International Lizenz (http://creativecommons.org/licenses/by/4.0/deed.de) veröffentlicht, welche die Nutzung, Vervielfältigung, Bearbeitung, Verbreitung und Wiedergabe in jeglichem Medium und Format erlaubt, sofern Sie den/die ursprünglichen Autor(en) und die Quelle ordnungsgemäß nennen, einen Link zur Creative Commons Lizenz beifügen und angeben, ob Änderungen vorgenommen wurden.

Die in diesem Kapitel enthaltenen Bilder und sonstiges Drittmaterial unterliegen ebenfalls der genannten Creative Commons Lizenz, sofern sich aus der Abbildungslegende nichts anderes ergibt. Sofern das betreffende Material nicht unter der genannten Creative Commons Lizenz steht und die betreffende Handlung nicht nach gesetzlichen Vorschriften erlaubt ist, ist für die oben aufgeführten Weiterverwendungen des Materials die Einwilligung des jeweiligen Rechteinhabers einzuholen.

FSC
www.fsc.org
MIX
Papier | Fördert
gute Waldnutzung
FSC® C083411